乡村振兴背景下的乡村治理研究

吴永明　苏耀学◎著

吉林科学技术出版社

图书在版编目（CIP）数据

乡村振兴背景下的乡村治理研究 / 吴永明，苏耀学
著. -- 长春：吉林科学技术出版社，2023.5
ISBN 978-7-5744-0529-5

Ⅰ．①乡… Ⅱ．①吴… ②苏… Ⅲ．①乡村－社会管
理－研究－中国 Ⅳ．①D638

中国国家版本馆 CIP 数据核字（2023）第 103786 号

乡村振兴背景下的乡村治理研究

作　　者　吴永明　苏耀学
出 版 人　宛　霞
责任编辑　乌　兰
幅面尺寸　185 mm×260mm
开　　本　16
字　　数　235 千字
印　　张　10.5
版　　次　2024 年 7 月第 1 版
印　　次　2024 年 7 月第 1 次印刷

出　　版　吉林科学技术出版社
发　　行　吉林科学技术出版社
地　　址　长春市净月区福祉大路 5788 号
邮　　编　130118
发行部电话/传真　0431-81629529　81629530　81629531
　　　　　　　　　81629532　81629533　81629534

储运部电话　0431-86059116

编辑部电话　0431-81629518

印　　刷　北京四海锦诚印刷技术有限公司

书　　号　ISBN 978-7-5744-0529-5
定　　价　65.00 元

前言

乡村振兴是我国本土自有的概念，是新时代建设农业强国的重要任务。它不仅是产业振兴，也是人才振兴、文化振兴、生态振兴、组织振兴。乡村治理作为乡村振兴的重要组成部分，是乡村振兴的重要内容。乡村治理的目的就是维护乡村社会秩序，解决矛盾纠纷、处理社会不安定因素，维护社会稳定，保障村民权利，促进乡村社会和谐发展。因此，在乡村振兴背景下，乡村治理需要与时俱进，在应对困难和挑战中，摸索、实践、改革和创新，实现乡村治理体系、人才队伍建设、治理能力的现代化发展，保障乡村充满活力，和谐有序。

本书以"乡村振兴背景下的乡村治理研究"为选题，探讨相关内容。全书共分为七章：第一章阐述乡村振兴的基本认识，内容包括乡村振兴的提出背景、乡村振兴的重要意义、乡村振兴的科学内涵、乡村振兴的战略导向；第二章分析乡村振兴的实施重点，内容涵盖乡村产业振兴、乡村文化振兴、乡村生态振兴、乡村组织振兴、乡村人才振兴；第三章通过乡村治理及其完善路径研究，论述乡村治理与相关概念辨析、乡村治理的构成要素、国内外乡村治理模式与经验、乡村治理的完善路径思考；第四章到第七章探索乡村振兴背景下，乡村治理体系建设、乡村治理人才队伍建设、乡村治理现代化与乡村治理实践与思考。

本书体系完整，层次清晰，借助通俗易懂的语言、系统明了的结构，全面地介绍了乡村振兴、乡村治理的相关理论、联系与现代化发展。紧跟时代发展，顺应乡村现实的发展背景，进一步推动乡村治理工作的可持续、现代化发展。本书可供广大乡村振兴、乡村治理相关从业人员、高校师生与知识爱好者阅读使用，有一定的参考价值。

笔者在撰写本书的过程中，得到了许多专家、学者的帮助和指导，在此表示诚挚的谢意。由于笔者水平有限，加之时间仓促，书中所涉及的内容难免有疏漏之处，希望各位读者多提宝贵意见，以便笔者进一步修改，使之更加完善。

目录

第一章
乡村振兴的基本认识

第一节 乡村振兴的提出背景

乡村是广大乡村居民生产、生活的重要承载空间，也是国民经济和社会发展的重要组成部分。回顾中华悠长的历史，乡村经济的发展、乡村的稳定和农民生活的改善，始终是国家兴衰的重要标志。当前，我国农业、乡村、农民问题，依然是根本性的国计民生问题，是贯穿中国现代化过程的基本问题。

2017年，乡村振兴战略被提出，正是基于中国特色社会主义，围绕当前社会主要矛盾变化的准确判断，结合我国乡村当前亟须解决的重大问题，做出的重大战略抉择。近年来，我国乡村地区建设发展取得了重大成就。随着工业反哺农业的能力进一步增强，城乡关系调整加快，推动乡村振兴的基础设施条件已然具备。

中国乡村已经具备了快速发展的基础与动力，乡村水电路网等基础设施与农业科技装备不断完善，科技观念不断更新，科技水平不断提高。交通基础设施、公共服务设施以及互联网技术的深度运用，极大缩短了城乡空间距离，农业生产方式和乡村流通方式发生了重大变革，资源与市场、资金、人才等资源聚集地之间的距离大为缩短。

以工促农、以城带乡、城乡融合发展的条件已经具备。为促进以工促农、以城带乡，推动城乡融合发展奠定了坚实的发展基础。中国制造业世界竞争力显著提升，中国已成为世界最具制造业竞争力的国家之一。城市基础设施条件显著改善，城镇居民生活水平迅速提升，城镇经济高速增长，产业结构持续升级，城市综合实力不断增强，使其成为国家核心竞争力的重要组成部分。随着工业化和城镇化进程的快速推进，从产业分工协作和城乡全面融合的角度看，新型工业化、信息化、城镇化和农业现代化"四化"同步发展时机已经具备，构建工农互促、城乡互补、全面融合、共同繁荣的新型工农城乡关系已经进入关键时期，实施乡村振兴战略恰逢其时。

逆城镇化为乡村振兴带来重大机遇，城镇化进程快速推进的同时，回归田园的热潮涌现，城市居民返回乡村度假、体验乡村生活等已成为人人向往的高品质生活方式。乡村经济由单一的农民居住、劳作向旅游度假、投资开发、特色产业等多元化发展转变。未来的乡村地区，必将成为城市资本、先进技术、高端人才大量涌入的承接地。

第二节 乡村振兴的重要意义

乡村地区是具有自然、社会、经济等综合特征的地域综合体，是乡村居民生产生活的主要承载地，也是传统文化传承、生态环境保护的重要载体。乡村与城市相互促进、共生共荣，是人类活动空间的重要组成部分。实施乡村振兴战略，是有效解决现在我国社会主要矛盾的重要路径，也是全面建成社会主义现代化强国的重要保障，具有极其重大的现实意义和深远的历史意义。

一、有助于解决我国社会主要矛盾

矛盾是事物运动发展的源泉和动力，准确抓住社会主要矛盾，就是近年来我国经济社会取得巨大成就的关键。现在中国特色社会主义进入了新时代，人民的需求对经济社会发展提出了更高的要求。为了满足人民的需求，更好解决我国社会主要矛盾，实现城乡融合发展，在新时代背景下，我国要实施乡村振兴战略，既是解决现在我国社会主要矛盾的重要路径，也是实现城乡融合发展的重要举措。因此要加快推动乡村振兴战略，夯实乡村发展产业基础推动设施建设与城市同步；促进农民增收致富，改善乡村生态环境，实现城乡融合发展。

二、补齐社会短板的战略选择

乡村振兴战略的提出，与我国发展的阶段性特征和中国特色社会主义进入新的历史方位要求相契合，旨在建立健全城乡融合发展体制机制和政策体系，统筹推进乡村经济建设、政治建设、文化建设、社会建设、生态文明建设和党的建设，加快推进乡村治理体系和治理能力现代化。

加快推进农业乡村现代化，走中国特色社会主义道路，让农业成为有奔头的产业，让农民成为有吸引力的职业，让乡村成为安居乐业的美丽家园，不断增强乡村居民的幸福感和获得感。这些重大举措的相继实施和深化，为补齐农业乡村农民发展短板，提供了重要保障。

三、保障全面建成社会主义现代化强国

社会主义现代化强国建设是整体性建设，是在全面协调推进经济建设、政治建设、文化建设、社会建设、生态文明建设和党的建设中，不断地促进物质文明、政治文明、精神文明、社会文明和生态文明协同发展的社会整体文明进步过程，也是促进城市与乡村融合

发展的过程。

实现农业和乡村现代化、农民增收致富，是建成社会主义现代化强国的重要内容，在社会主义现代化强国建设中具有至关重要的作用。社会主义现代化能否整体实现，农业乡村现代化、农民实现增收致富是其首要指标。实施乡村振兴战略是我们做好"三农"工作的总抓手，事关整个社会主义现代化建设大局。实施乡村振兴战略，推动广大乡村地区快速发展，实现产业兴旺、生态宜居、乡风文明、治理有效、生活富裕，不仅能够为农业乡村现代化的顺利实现提供坚实的物质基础，而且能够为全面建设社会主义现代化国家提供保障。

四、推动农业现代化的发展

"乡村发展是乡村地域系统循环累积与动态演化的结果，全面梳理乡村发展历史脉络与地域分异格局，对于科学推动新时代乡村振兴战略落实具有重要意义。"[1] 经过多年持续不断的努力，我国农业乡村发展取得重大成就，现代农业建设取得重大进展，粮食和主要农产品供求关系发生重大变化，大规模的农业剩余劳动力转移进城，农民收入持续增长，脱贫攻坚取得决定性进展，乡村改革实现重大突破，乡村各项建设全面推进，为实施乡村振兴战略提供了有利条件。

随着我国经济不断发展，城乡居民收入不断增长，广大市民和农民都对未来乡村的建设发展存在很多期待。把乡村振兴作为党和国家战略，统一思想，提高认识，明确目标，完善体制，搞好建设，加强领导和服务，不仅呼应了新时期全国城乡居民发展新期待，而且也将引领农业现代化发展和社会主义新乡村建设以及农民教育科技文化进步。

第三节 乡村振兴的科学内涵

乡村振兴的内容更全面，内涵更丰富，层次更高，目标更大，这是我国乡村工作发展方向和理念的一次深刻变革。

一、乡村振兴的根本——生活富裕

生活富裕的本质要求是共同富裕，"生活富裕涉及农民最关心、最直接、最现实的利益问题，是乡村振兴战略的出发点、落脚点和最终评价标准"[2]。目标指向农民的现代化问题，是要切实提高农民的获得感和幸福感。有效激活乡村增量发展空间是解决农民生活富裕的关键，而乡村振兴战略提出的产业兴旺则为乡村增量发展指明了方向。

---

① 郭远智，刘彦随. 中国乡村发展进程与乡村振兴路径 [J]. 地理学报，2021，76（06）：1408.

② 金炜玲. 理解生活富裕：农民的感知与需求 [J]. 中国农业大学学报（社会科学版），2022，39（04）：106.

二、乡村振兴的核心——产业兴旺

推动农业乡村发展的核心是实现乡村产业发展。乡村产业发展是乡村实现可持续发展的内在要求。从生产发展到产业兴旺，这一提法的转变，意味着党的农业乡村政策体系更加聚焦和务实，主要目标是实现农业乡村现代化。

产业兴旺要求从过去单纯追求产量向追求质量转变，从粗放型经营向精细型经营转变，从不可持续发展向可持续发展转变，从低端供给向高端供给转变。城乡融合发展的关键步骤是乡村产业融合发展。产业兴旺不仅要实现农业发展，还要丰富乡村发展业态，促进乡村一、二、三产业融合发展，更加突出以推进供给侧结构性改革为主线，提升供给质量和效益，推动农业乡村发展提质增效，更好地实现农业增产、乡村增值、农民增收，打破乡村与城市之间的壁垒。

农民生活富裕的前提是产业兴旺，而农民富裕、产业兴旺又是乡风文明和有效治理的基础，只有产业兴旺、农民富裕、乡风文明、治理有效有机统一起来才能真正提高生态宜居水平，将产业兴旺作为实施乡村振兴战略的第一要求，充分说明了乡村产业发展的重要性。实施乡村振兴战略必须紧紧抓住产业兴旺这个核心，作为优先方向和实践突破点，真正打通乡村产业发展的"最后一公里"，为农业乡村实现现代化奠定坚实的物质基础。

三、乡村振兴的基础——生态宜居

美丽中国的起点和基础是美丽乡村，加快生态文明体制改革，建设美丽中国。乡村振兴战略提出要建设生态宜居的美丽乡村，更加突出了重视生态文明建设与人民日益增长的美好生活需要的内在联系。

生态宜居的内核是倡导绿色发展，是以低碳、可持续为核心，是对"生产场域、生活家园、生态环境"为一体的复合型"村镇化"道路的实践打造和路径示范。乡村产业兴旺本身就蕴含着生态底色，通过建设生态宜居家园实现物质财富创造与生态文明建设互融互通，走出一条中国特色的乡村绿色可持续发展道路，在此基础上真正实现更高品质的生活富裕。

生态文明是乡风文明的重要组成部分，乡风文明内涵则是对生态文明建设的基本要求。此外，实现乡村生态的良好治理是实现乡村有效治理的重要内容，治理有效必然包含着有效的乡村生态治理体制机制。从这个意义而言，打造生态宜居的美丽乡村必须把乡村生态文明建设作为基础性工程扎实推进，让美丽乡村看得见未来，留得住乡愁。

四、乡村振兴的关键——乡风文明

乡村振兴想要实现新发展，彰显新气象，传承和培育文明乡风是关键。乡风文明是乡村文化建设和乡村精神文明建设的基本目标，培育文明乡风是乡村文化建设和乡村精神文明建设的主要内容。文明中国根在文明乡风，文明中国要靠乡风文明。乡土社会是中华传统优秀传统文化的主要阵地，传承和弘扬中华优秀传统文化必须注重培育和传承文明乡风。

积极倡导和践行文明乡风能够有效净化和涵养社会风气，培育乡村德治土壤，推动乡村有效治理；能够推动乡村生态文明建设，建设生态宜居家园；能够凝人心、聚人气，营造干事创业的社会氛围，助力乡村产业发展；能够丰富农民群众文化生活，汇聚精神财富，实现精神生活上的富裕。实现乡风文明要大力实施乡村优秀传统文化保护工程，深入研究阐释乡村优秀传统文化的历史渊源、发展脉络、基本走向；要健全和完善家教家风家训建设工作机制，挖掘民间蕴藏的丰富的家风家训资源，让好家风好家训内化为农民群众的行动遵循；要建立传承弘扬优良家风家训的长效机制，积极推动家风家训进校园、进课堂活动，编写优良家风家训通识读本，积极创作反映优良家风家训的优秀文艺作品，真正把文明乡风建设落到实处，落到细处。

五、乡村振兴的保障——治理有效

实现乡村有效治理，是推动乡村稳定发展的基本保障。乡村治理有效才能真正为产业兴旺、生态宜居、乡风文明和生活富裕提供秩序支持，乡村振兴才能有序推进。乡村治理的明显特征是强调国家与社会之间的有效整合，开发乡村治理的存量资源，用好乡村治理的增量资源，以有效性作为乡村治理的基本价值导向，平衡村民自治实施以来乡村社会面临的冲突和分化。只要有益于推动实现乡村有效治理的资源都可以充分地整合利用，而不再简单强调乡村治理的技术手段问题，从而忽视对治理绩效的追求和乡村社会的秩序均衡。

乡村治理体系不仅是实现乡村治理有效的内在要求，也是实施乡村振兴战略的重要组成部分。这充分体现了乡村治理过程中国家与社会之间的有效整合，既要盘活村民自治实施以来乡村积淀的现代治理资源，又要毫不动摇地坚持依法治村的底线思维，还要用好乡村社会历久不衰、传承至今的治理密钥，推动形成相辅相成、互为补充、多元并蓄的乡村治理格局。

从民主管理到治理有效，这一定位的转变，既是国家治理体系和治理能力现代化的客观要求，也是实施乡村振兴战略，推动农业乡村现代化进程的内在要求。而乡村治理有效的关键是健全和完善自治、法治、德治的耦合机制，让乡村自治、法治与德治深度融合、高效契合。

第四节 乡村振兴的战略导向

一、坚持农业乡村优先发展

坚持农业乡村优先发展，是实施乡村振兴战略的必然要求。坚持农业乡村优先发展，使"三农"发展对促进社会稳定和谐、调节收入分配、优化城乡关系、增强经济社会活力和就业吸纳能力及抗风险能力等发挥重要的作用，具有较强的公共品属性；在发展市场经济条件下，"三农"发展在很大程度上呈现竞争弱势特征，容易存在市场失灵问题。因此，需要在发挥市场对资源配置起决定性作用的同时，通过更好发挥政府作用，优先支持农业乡村发展，解决好市场失灵问题。

坚持推动构建人类命运共同体的理念，有利于更好地理解坚持农业乡村优先发展的重要性和紧迫性。在当今世界大发展、大变革、大调整的背景下，面对世界多极化、经济全球化、社会信息化、文化多样化深入发展的形势，国内发展、城乡之间更是命运共同体，更需要"保证全体人民在共建共享发展中有更多获得感"。面对国内工农发展、城乡发展失衡的状况，用命运共同体理念指导"三农"工作和现代化经济体系建设，更应坚持农业乡村优先发展，借此有效防范因城乡之间、工农之间差距过大导致社会断裂，增进社会稳定和谐。

坚持农业乡村优先发展，作为实施乡村振兴战略的基本原则，要求把实现乡村振兴作为全党的共同意志、共同行动，做到认识统一、步调一致，在干部配备上优先考虑，在要素配置上优先满足，在资金投入上优先保障，在公共服务上优先安排，加快补齐农业乡村短板。

实施乡村振兴战略是党和国家的重大决策部署，各级党委和政府要提高对实施乡村振兴战略重大意义的认识，真正把实施乡村振兴战略摆在优先位置，把党管乡村工作的要求落到实处。各级党委和政府要坚持工业农业一起抓、城市乡村一起抓，并把农业乡村优先发展的要求落到实处。

我们可以借鉴国外尤其是发达国家支持中小企业的思路，同等优先地加强对农业乡村发展的支持。具体来说，要注意以下方面：

（一）优先加快推进农业乡村市场化改革

公平竞争是市场经济的基本原则，是市场机制高效运行的重要基础；统一开放、竞争有序的市场体系，是市场在资源配置中起决定性作用的基础，要确立竞争政策基础性地位。为此，要通过强化公平竞争的理念和社会氛围以及切实有效的反垄断措施，完善维护公平竞争的市场秩序，促进市场机制有效运转；也要注意科学处理竞争政策和产业政策的关系，积极促进产业政策由选择性向功能性转型，并将产业政策的主要作用框定在市场失灵领域。

强化竞争政策的基础地位，积极营造有利于"三农"发展，并提升其活力和竞争力的市场环境，引导各类经营主体和服务主体在参与乡村振兴的过程中公平竞争，成为富有活力和竞争力的乡村振兴参与者，甚至乡村振兴的"领头雁"。要以完善产权制度和要素市场化配置为重点，加快推进农业乡村领域的市场化改革，结合发挥典型示范作用，根本改变农业乡村发展中部分领域改革严重滞后于需求，或改革自身亟待转型升级的问题。

（二）优先支持优化农业乡村发展环境

通过完善法律法规和监管规则，清除不适应形势变化、影响乡村振兴的制度和环境障碍，可以降低"三农"发展的成本和风险，也有利于促进农业强、农民富、乡村美。推进乡村宅基地制度改革，明确完善农民闲置宅基地和闲置农房政策，探索宅基地所有权、资格权，适度放活宅基地和农民房屋使用权。

汇聚全社会力量，强化乡村振兴人才支撑；鼓励社会各界投身乡村建设，并要求研究制定鼓励城市专业人才参与乡村振兴的政策。随着乡村多元产业的发展和乡村多元价值的拓展提升，包括年轻人在内的部分人口回乡就业创业，一些追求乡村生活的城市人开始在乡村地区定居，促进了乡村活力的提升。

坚持农业乡村优先发展，要以支持融资、培训、营销平台和技术、信息服务等环境建设，鼓励包容发展、创新能力成长和组织结构优化等为重点，将优化"三农"发展的公共服务和政策环境放在突出地位。

坚持农业乡村优先发展，还应注意以下两个方面：①强化政府对"三农"发展的"兜底"作用，并将其作为加强社会安全网建设的重要内容。近年来，国家推动农业乡村基础设施建设、持续改善乡村人居环境、加强乡村社会保障体系建设、加快建立多层次农业保险体系等，都有这方面的作用。②瞄准推进农业乡村产业供给侧结构性改革的重点领域和关键环节，加大引导支持力度。

二、坚持高质量发展

我国经济已由高速增长阶段转向高质量发展阶段，因此推动高质量发展是当前和今后一个时期确定发展思路、制定经济政策、实施宏观调控的根本要求。实施乡村振兴战略是建设现代化经济体系的主要任务之一，尽管实施乡村振兴战略涉及的范围实际上超出经济工作，但推动乡村振兴高质量发展应该是实施乡村振兴战略的基本要求和重大导向之一。

中国特色社会主义思想和基本方略的内容，实际上是指导中国特色社会主义高质量发展的思想。在实施乡村振兴战略的过程中，坚持高质量发展的战略导向，具体内容如下：

（一）突出推进供给侧结构性改革

推进供给侧结构性改革的核心要义是按照创新、协调、绿色、开放、共享的新发展理念，提高供给体系的质量、效率和竞争力，即增加有效供给，减少无效供给，增强供给体系对需求体系和需求结构变化的动态适应和反应能力。有效供给包括公共产品和公共服务的有效供给；提高供给体系质量、效率和竞争力，表现为提升农业和乡村产业发展的质量、效率和竞争力。

此外，还表现在政治建设、文化建设、社会建设和生态文明建设等方方面面，体现这些方面的协同性、关联性和整体性。实施乡村振兴战略旨在解决好"三农"问题，重塑新型工农城乡关系。因此，要科学区分"三农"问题形成演变中的市场失灵和政府失灵，以推进供给侧结构性改革为主线，完善体制机制和政策环境。借此，要将支持农民发挥主体作用、提升乡村人力资本质量与调动一切积极因素并有效激发工商资本、科技人才、社会力量参与乡村振兴的积极性结合起来，通过完善乡村发展要素结构、组织结构、布局结构的升级机制，更好地提升乡村振兴的质量、效率和竞争力。

（二）突出取长补短的要求

解决社会主要矛盾的实质性贡献直接影响实施乡村振兴战略的质量。对乡村产业发展在继续重视"生产功能"的同时，要求更加重视其生活功能和生态功能，将重视产业发展的资源环境和社会影响，同激发其科教、文化、休闲娱乐、环境景观甚至体验功能结合起来。尤其是随着社会的主流消费群体的更替，产业发展的生活、生态功能更加需要引起重视。

近年来，电子商务的发展日益引起重视，一个重要原因是其有很好的链接和匹配功能，能够改善居民的消费体验，增进消费的便捷性和供求之间的互联性，而体验、便利、互联正在成为实现社会消费需求结构升级和消费扩张的重要动力，尤其为边角化、长尾性、小众化市场增进供求衔接和实现规模经济提供了新的路径。

（三）科学处理实施战略与推进政策转型的关系

坚持农民主体地位，作为实施乡村振兴战略的基本原则之一，要求调动亿万农民的积极性、主动性、创造性，把维护农民群众根本利益、促进农民共同富裕作为出发点和落脚点，促进农民持续增收。因为，乡村振兴的高质量发展，最终体现为统筹推进增进广大农民的获得感、幸福感、安全感和增强农民参与乡村振兴的能力。

坚持以人民为中心，高度重视让改革发展成果更多更公平惠及全体人民，在推进工业化、信息化、城镇化和农业现代化的过程中，注意增进广大农民的获得感、幸福感、安全感，正是实施乡村振兴战略的重要价值所在。调动一切积极因素，鼓励社会力量和工商资本带动农民在参与乡村振兴的过程中增强参与乡村振兴的能力，对于提升乡村振兴质量至关重要。

增强农民参与乡村振兴的能力，把推进农民优先提升技能作为战略支撑，借此为新型城镇化提供合格市民，为农业乡村现代化提供合适的劳动力和乡村居民。

三、坚持城乡融合发展的道路

为了坚持农业乡村优先发展，顺应工农城乡关系演变的新特征和新趋势，推出建立健全城乡融合发展体制机制和政策体系，成为加快推进农业乡村现代化的重要手段。

随着工农、城乡之间相互关系、相互影响、相互作用的不断增强，城乡之间的人口、资源和要素流动日趋频繁，产业之间的融合渗透和资源、要素、产权之间的交叉重组关系日益显著。因此，建立健全城乡融合发展的体制机制和政策体系，走城乡融合发展之路，越来越成为实施乡村振兴战略的当务之急和战略需要。借此，按照推进新型工业化、信息化、城镇化、农业现代化同步发展的要求，加快形成以工促农、以城带乡、工农互惠、城乡共荣、分工协作、融合互补的新型工农城乡关系。

建立健全城乡融合发展的体制机制和政策体系，具体内容如下：

（一）注意城镇格局的衔接问题

现在中国大城市、特大城市仍然具有较强的集聚经济、规模经济、范围经济效应，且其就业、增收和其他发展机会更为密集。因此，在今后相当长的时期内，顺应市场机制的自发作用，优质资源、优质要素和发展机会向大城市、特大城市集中仍是难以根本扭转的趋势。

随着乡村人口转移进城规模的扩大，乡—城之间通过劳动力就业流动，带动人口流动和家庭迁移的格局正在加快形成。因此，应按照统筹推进乡村振兴和新型城镇化高质量发展的要求，加大国民收入分配格局的调整力度，深化相关改革和制度创新，在引导大城市、特大城市加快集约型、紧凑式发展步伐，并提升城市品质和创新能力的同时，引导大城市、特大城市更好地发挥区域中心城市对区域发展和乡村振兴的辐射带动作用。

结合引导大城市、特大城市疏解部分非核心、非必要功能，引导周边卫星城或其他中小城市、小城镇增强功能特色，形成错位发展、分工协作的新格局，借此培育特色鲜明、功能互补、融合协调、共生共荣的城市群。这不仅有利于优化城市群内部不同城市之间的分工协作关系，提升城市群系统功能和网络效应；还有利于推进跨区域性基础设施、公共服务能力建设和生态环境综合整治，为城市人才、资本、组织和资源等要素下乡参与乡村振兴提供便利，有利于更好地促进以工哺农、以城带乡和城乡融合互补，增强城市化、城市群对城乡、区域发展和乡村振兴的辐射带动功能，帮助农民增加共商共建共享发展的机会，提高乡村共享发展水平。实际上，随着高铁网、航空网和信息网建设的迅速推进，网络经济的去中心化、去层级化特征，也会推动城市空间格局由单极化向多极化和网络化演进，凸显发展城市群、城市圈的重要性和紧迫性。

为更好地增强区域中心城市特别是城市群对乡村振兴的辐射带动力，要通过公共资源配置和社会资源分配的倾斜引导，加强链接周边的城际交通、信息等基础设施网络和关键结点、连接线建设，引导城市群内部不同城市之间完善竞争合作和协同发展机制，强化分工协作、增强发展特色、加大生态共治，并协同提升公共服务水平。

以完善产权制度和要素市场化配置为重点，以激活主体、激活要素、激活市场为目标导向，推进有利于城乡融合发展的体制机制改革和政策体系创新，着力提升城市和城市群的开放发展水平、包容发展水平和辐射带动能力。

加大公共资源分配向农业乡村的倾斜力度，加强对乡村基础设施建设的支持。与此同时，通过深化制度创新，引导城市基础设施和公共服务能力向乡村延伸，加强以中心镇、中心村为结点，城乡衔接的乡村基础设施、公共服务网络建设。要通过深化改革和政策创新，以及推进"三农"发展的政策转型，鼓励城市企业或涉农龙头企业同农户、农民建立覆盖全程的战略性伙伴关系，完善利益联结机制。

（二）积极发挥国家发展规划的战略导向作用

我们要结合规划的编制和执行，加强对各级各类规划的统筹管理和系统衔接，通过部署重大工程、重大计划、重大行动，加强对农业乡村发展的优先支持，鼓励构建城乡融合发展的体制机制和政策体系。在编制和实施乡村振兴规划的过程中，要结合落实主体功能区战略，贯彻中央的决策部署，促进城乡国土空间开发的统筹，注意发挥规划对统筹城乡生产空间、生活空间、生态空间的引领作用，引导乡村振兴优化空间布局，统筹乡村生产空间、生活空间和生态空间。今后大量游离于城市群之外的小城市、小城镇很可能趋于萎缩，其发展机会很可能迅速减少。优化乡村振兴的空间布局应该注意这一方面。

注意突出重点、分类施策，在引导乡村人口和产业布局适度集中的同时，将中心村、中心镇、小城镇和粮食生产功能区、重要农产品生产保护区、特色农产品优势区、现代农业产业园、乡村产业融合发展示范园、农业科技园区、电商产业园、返乡创业园、特色小镇或田园综合体等，作为推进乡村振兴的战略结点。

乡村市镇主要通过乡村整治规划和土地占用规划等手段，推动乡村地区发展。乡村整治规划由地方政府主导，地方代表、专家和居民可共同参与。我国要实施乡村振兴战略，需要徐徐渐进，优先从重点、薄弱点入手，通过鼓励不同利益相关者参与，来营造振兴的氛围，推动乡村振兴的进一步发展，最终实现乡村全面振兴。

此外，建设城乡统一的产权市场、要素市场和公共服务平台，也应在规则统一、环境公平的前提下，借鉴政府扶持小微企业发展的思路，通过创新"同等优先"机制，加强对人才和优质资源向乡村流动的制度化倾斜支持，缓解市场力量对乡村人才和优质资源的"虹吸效应"。

（三）完善农业相关人口的参与发展、培训提能机制

推进城乡融合发展，关键要通过体制机制创新，一方面，帮助乡村转移人口降低市民化的成本和门槛，让农民获得更多且更公平、更稳定、更可持续的发展机会和发展权利；另一方面，增强农民参与新型城镇化和乡村振兴的能力，促进农民更好地融入城市或乡村发展。

城乡融合发展，要以增强农民参与发展能力为导向，完善农民和农业转移人口培训提能支撑体系，为乡村振兴提供更多的新型职业农民和高素质人口，为新型城镇化提供更多的新型市民和新型产业工人。

城乡融合发展，要结合完善利益联结机制，注意发挥新型经营主体、新型农业服务主体带头人的示范带动作用，促进新型职业农民成长，带动普通农户更好地参与现代农业发展和乡村振兴。要按照需求导向、产业引领、能力本位、实用为重的方向，加强统筹城乡的职业教育和培训体系建设，通过政府采购公共服务等方式，加强对新型职业农民和新型市民培训能力建设的支持。

城乡融合发展，要创新政府支持方式，支持政府主导的普惠式培训与市场主导的特惠式培训分工协作、优势互补。鼓励平台型企业和市场化培训机构在加强新型职业农民和新型市民培训中发挥中坚作用。要结合支持创新创业，加强人才实训基地建设，健全以城带乡的乡村人力资源保障体系。

（四）加强对乡村产业融合发展的政策支持

推进城乡融合发展，要把培育城乡有机结合、融合互动的产业体系放在突出地位。推进乡村产业融合发展，有利于发挥城市企业、城市产业对乡村企业、乡村产业发展的引领带动作用。

城乡融合发展要结合加强城市群发展规划，创新财税、金融、产业、区域等支持政策，引导乡村产业融合，优化空间布局，强化区域分工协作，发挥城市群和区域中心城市对乡村产业融合的引领带动作用。

城乡融合发展要创新乡村产业融合支持政策，引导乡村产业融合发展统筹处理服务市民与富裕农民、服务城市与繁荣乡村、增强乡村发展活力与增加农民收入、推进新型城镇化与建设美丽乡村的关系；鼓励科技人员向科技经纪人和富有创新能力的乡村产业融合企业家转型；注意培育企业在统筹城乡发展、推进城乡产业融合中的骨干作用，努力营造产业融合发展带动城乡融合发展新格局；鼓励商会、行业协会和产业联盟在推进产业融合发展中增强引领劳动能力。

第二章
乡村振兴的实施重点

第一节 乡村产业振兴

一、乡村产业振兴概述

（一）乡村的类型及特性

乡村是居民以农业为经济活动的一类聚落的总称。从行政区划的角度看，乡村是指除直辖市、地级市、县级市、县政府驻地的城关镇以及其他建制镇以外的不属于城镇的区域；从村民所从事的职业取向的角度来看，乡村是以农业、林业、渔业、牧业、基础工业等作为主导产业形态的区域。

1. 根据地形地貌划分

根据乡村所属的地形地貌（类型）进行分类，可将乡村划分为平原村、丘陵村、滨湖村、沿海村、草原村、山区村等不同类型。

一般来说，处于平原、滨湖、沿海等地形地貌区域的乡村聚落，往往土地肥沃、耕地较多、物资丰富、交通便利、人口较密集、经济发展较快；乡村居民思想较活跃、现代观念较强，居民容易接受新事物；乡村民主意识较浓厚，村民自治基础比较扎实，自治活动容易开展起来。

草原上多分布有牧区，早先的牧民也多采用追水逐草而居的游牧生活方式。在广大牧区，以往常常是季节性聚落和游牧的帐幕聚落兼而有之，但随着现代畜牧业的发展，多半牧民开始种植牧草，围建草场，定居下来，从而形成了独具特色的草原村落。

从乡村所处的地形地貌等自然地理条件来看，不同的地理条件造就了不同的乡村景观风貌以及不同的自然、人文特色的乡村。

2. 根据乡村形态肌理划分

根据形态肌理，乡村一般可划分为以下几种类型：

第一，散点式。散点式乡村是一种常见的乡村类型，其布局形态体现了因地制宜、与自然和谐共生的特点，广泛分布于起伏的丘陵山地地区。

散点式乡村模式随意性强，乡村建筑散点分布，却又凝聚于某个中心，如晒谷场、池塘等，于稳定统一中体现出开放与多元。这种布局形式的乡村与周围自然环境融为一体，具有自然随机的肌理美，但是由于房屋间距较大，不利于土地的集约、节约利用，也不利于基础设施的布置。

第二，街巷式。街巷式乡村是一种比较主流的乡村布局形态，主要适用于用地较平坦的乡村（区域），并常见于较大的乡村。街巷式乡村形态肌理根据建筑与地形、道路的不同组合关系，形成统一且富有变化的乡村布局形态，主街和次巷脉络清晰。这种乡村形态肌理不仅内聚性强，还易于随着乡村扩大逐步沿路拓展延伸。

街巷式乡村街巷内部空间较为封闭内向，街巷在乡村中承担着交通联系和组织村民生活的公共空间的作用，成为公共和半公共的线性交往空间和交通联系通道，一些水乡还常有河路并行的水街水巷。街巷式乡村肌理形态较丰富，主要由建筑界定街巷空间的形式、大小、尺度，一些乡村在主街两端还设有门楼，既用于安全防卫又便于管理。街巷式布局的乡村一般空间有秩序，领域感、归属感比较强，用地紧凑节约。

第三，组团式。组团式乡村布局常见于地形较复杂的较大乡村。受自然地形影响，由于地势变化比较大，河、湖、塘等水系穿插其中，乡村受到河网及地形高差分割，形成两个以上彼此相对独立的组团，其间由道路、水系、植被等连接，各组团既相对独立又联系密切。

第四，条纹式。条纹式乡村布局常见于地形高差较大的丘陵山地乡村。由于丘陵山地坡度较大，受山地环境因素制约而顺应地势，形成由几个不同高差的台地条状伸展布局为特点的条纹式乡村形态肌理。这种布局虽分为几个台地，但聚合力强，对用地紧张的山地乡村来说是一种较适宜的布局方式。

第五，图案式。图案式乡村一般受地形或风水理念等的影响，形成具有某种象征意义的特殊图案肌理，如八卦形、半月形等。乡村一般聚族而居，整个乡村不仅体现了人与自然的和谐，而且体现了宗族式布局的封闭性、内向性、防御性及等级尊卑观念。

3. 根据村落规模划分

根据人口规模，乡村可划分为以下类型：

第一，小型村。小型村以山区、丘陵区、牧区、林区分布最为普遍，这类村落数量较多，不宜发展为大乡村，比较科学的做法通常是"拆村并点"。

第二，中型与大型村。中型与大型村是我国最为常见的一种村落，广泛分布于全国各地，常见于地少人稠的种植业区或圈养畜牧业区。一般由几个乡村组成一个行政区，并建有幼儿园、小学等基础与公共服务设施。

第三，特大型村。常是乡政府或村民委员会所在地，拥有一定数量的代销店和文化教育、生活服务单位。这种特大型村大多分布于种植业区，尤其是耕地密集、地少人多的平原地区，以华北地区较多。另外，东北、长江中下游、东南沿海河口冲积平原等地也较普遍。

4. 根据行政概念划分

从行政概念看，参照基层社会组织的层次分类，在我国，乡村一般可以分为自然村和行政村两类。

（1）自然村

自然村是由村民经过长时间聚居而自然形成的村落。这种乡村受自然地理条件、传统生活方式等因素的影响较大。比如，在很多山地丘陵地区，历史上几户先祖居民在路边居住，繁衍几代后就会形成一个小村落，这是自然村形成的基本模式。在我国，有些地方习惯上将自然村称为"庄"或"屯"。应当说，"庄"或"屯"是乡村聚落最基本的组成部分，一般只有较为简单的生活福利设施。

自然村的分布、形态、规模和建筑结构深受所处地区自然地理条件（水源、气候、地形及建筑材料特性等）、经济条件、风俗习惯等社会因素的影响，反映出与周围环境的某种适应。在我国，自然村数量较大、分布较广、规模大小不一，有个别住户的孤村（如在山区），也有数百人口的自然村（如在人口稠密的平原地区）。自然村经济结构较单一，一般由主要从事农（林、牧、副、渔）业的人口居住。20世纪80年代以来，我国因乡村产业结构的调整和商品经济的发展，不少自然村已不仅限于单纯经营农牧业，还建起了小型工业企业、零售商业和服务业设施，有的还发展成为经营非农产业的专业村。

（2）行政村

行政村具有一定的行政管辖意义，一般是指政府为加强乡村管理而确定的乡、镇下一级的管理机构所管辖的区域。从这个意义上讲，行政村是具有社会统一性的组织化村落，是中央和地方政府用来作为行政管理的基本单位。

行政村是中国行政区划体系中最基层的一级，设有村民委员会或村公所等管理服务机构，由领导班子（党支部、村委会）行使管理与服务职能。应当说，自然村与行政村的区别，不只是规模的大小区别，还在于是否具有行政管理职能与权限。

以上乡村类型的划分，多是基于地形地貌、乡村形成肌理、人口规模等自然地理与人口要素。值得注意的是，在理论与实践应用层面，往往需要在乡村类型的基础上进一步理解乡村布局与乡村发展的作用机制。在这种情况下，显然不能仅考虑地形地貌、人口规模等驱动因素，而需要考虑更多、更综合的影响因素，如乡村气候、土壤、交通、水利等自然因素，乡村产业构成、家庭收入等经济因素以及乡村历史人文、家族、民俗文化等社会文化因素。

（二）产业与乡村产业振兴

产业泛指国民经济的各行各业，是由利益相互联系的、具有不同分工的、由各个相关行业所组成的业态总称，从生产到流通、服务以至文化、教育，大到部门、小到行业都可以称之为产业。

产业振兴是将不合理与低层次的产业结构进行不断优化调整的过程。通过调整，使得各产业能够有效利用本地资源、环境、人口、技术等优势，实现产业的协调可持续发展，有效拉动当地经济发展水平的提升与人民收入的稳步增长。产业振兴是一个多元复合体，包括与产业相关的各个方面。

乡村产业是依托农业发展优势和自然环境优势，以现有农业生产、经营体系和相关政策为支撑，通过一、二、三产业多角度、全方位地深度融合，延伸出紧密衔接、分工明确、利农惠农的多元化行业组合新业态，来深化农业改革，加速农业高质量发展，确保农民稳定增收。

"在乡村振兴的五大振兴要求中，以产业振兴为基础，产业是发展的根基，只有产业兴旺乡村振兴才有坚实保障。"[①] 其中，产业振兴作为"五大振兴"之首，足见其对于乡村振兴的重要性。产业是乡村发展的根基，产业兴旺，乡村才能稳定，农民才能增收，乡村才能实现繁荣昌盛。新时期推动乡村产业振兴，就是要重点围绕发展现代农业，引导和鼓励更多的人才、技术、资本等要素向广大乡村地区流动，延伸产业链条，拓宽市场空间，不断增强农业乡村经济发展新活力，推动一、二、三产业之间实现融合发展。

产业振兴是乡村振兴的关键和前提条件，实现产业振兴，乡村产业升级是关键，要充分发挥农业多种功能，推动形成辐射式产业体系，提升整体功能效益；有效衔接农业各环节各主体，形成协同发展的有机整体，转变农业发展方式；推动农业向中高端跃升，加速产业创新发展，做大县域乡村产业生产总值。

实现产业振兴，产业融合是趋势，乡村三大产业的发展要以消费者不断变化的需求为导向，各大产业深度融合，对业态进行持续创新。

实现产业振兴，农业现代化是保证。此外，在乡村也应该构建现代化的治理体系并培育现代化的治理能力。在农业生产活动中，不断缩减化肥农药用量，持续改善乡村的生态环境，对农业生产的结构及布局进行优化，带动农业质量、效益及竞争力的全面提升，推动乡村传统生产生活方式的绿色化转变。

产业振兴目标得以达成，农业现代化真正实现，产业结构得以升级，三大产业高度融合的情况下，农业乡村各项事业发展才有坚实的物质基础。农民就业机会增加，劳动产值提升，收入增加，乡村建设和发展的经济根基才变得更为扎实，方可对高层次需求产生极

---

① 杨志萍.数字赋能乡村产业振兴的内在逻辑与现实选择［J］.湖北经济学院学报（人文社会科学版），2022，19（03）：32.

大的追求兴趣。在财力方面，充分保障乡村生态的创建、文化的发展和公共设施的完善，村民的居住环境也由此得到了极大的改善，生态宜居的要求得到充分满足。产业振兴过程中，存在村集体、农民等多种多样的利益主体，在此期间，需要对各方利益进行全面协调，引导公众对治理政策的编制工作进行积极、主动的参与，更加有效地组织并开展乡村治理工作，共同达到全面振兴乡村的战略目标。

二、乡村产业振兴的意义与原则

（一）乡村产业振兴的意义

产业振兴是实现经济社会高质量发展的重要支撑，当前，我国经济发展模式已由过去的注重速度型转变为现在的注重质量型。近年来，我国面对经济社会转型发展的新形势，不断调整发展思路，创新发展模式，以锐意进取的勇气直面改革发展过程中遇到的各种难题。然而，要想真正实现地区经济社会的高质量发展，就要在乡村振兴战略提出的大背景下持续推动产业振兴，壮大产业规模，调整产业结构，弥补发展短板，缩小城乡差距。

实施乡村振兴战略，推进产业振兴，有利于加快本地区农业供给侧结构性改革步伐，提高现代农业的发展质量和效益；有利于培育新产业新业态新模式，不断增强经济发展新动能，实现经济社会生态相协调的可持续发展；有利于通过产业发展带来的经济实力的增强不断提高乡村基础设施与公共服务水平，推动城乡融合发展，助推全市经济社会实现新形势下的高质量迈进。

近年来，市场经济社会飞速发展，城乡面貌焕然一新，发展潜力与日俱增。为了改变乡村的发展面貌，为了满足广大农民对未来美好生活的期盼，为了重拾农民对于产业发展的信心，振兴乡村产业显得尤为迫切。实施乡村振兴战略，推动产业振兴，有利于创新乡村产业发展的落后模式，最大限度发挥本地区的产业资源优势，实现乡村优势产业的充分发展，从而加快补齐农业乡村这块短板，切实增强农民群众的获得感、幸福感、安全感，以产业的发展带动乡村经济的发展，以产业的进步推动乡村生态环境的改善、农民综合素质的提高、乡村治理方式的转变及生活条件的富裕，进而满足广大农民对于未来美好生活的期盼。

（二）乡村产业振兴的原则

第一，因地制宜原则。要振兴乡村产业，就要遵循因地制宜的原则，立足本地比较优势，制定切实可行的发展规划，重点发展区域特色产业。

第二，渐进式原则。要实现乡村产业发展的可持续性必须考虑其发展的适度问题，在不断调整优化的过程中，根据特殊的地区特点渐进式地、逐步有序地实现具体乡村的产业化。乡村产业在发展过程中遵循渐进式的发展原则有利于推动产业效益的稳步提升，有利于优化产业布局、不断提高产业发展的能力与水平，有利于促进乡村经济朝着可持续的发展方向稳步推进。

第三，可持续发展原则。任何产业在其发展过程中都应考虑其发展的长远性与可持续性。对于延伸乡村产业发展来说，一方面表现在以农产品生产为主的农业产业的产品品质上，产品要想开拓更大的市场，赢得广大消费者的青睐，实现经济效益的最大化，就必须确保产品优质品质的始终如一；另一方面，产业发展的可持续性还表现在发展过程中要坚持绿色生态导向，统筹考虑生态环境的保护上。

良好的自然生态环境是乡村地区最为宝贵的财富，实现乡村振兴要充分科学合理利用自然资源，有效保护生态环境，要让良好生态成为乡村振兴的支撑点，真正使乡村成为山清水秀、天高云淡、风景如画、生态宜居的美丽乡村，成为广大城市市民无限憧憬的向往之地。因此当地政府、乡镇工业企业必须加快转变产业发展理念，提倡低能、低耗、低污染的工业发展模式，促进乡镇工业产业的可持续性发展。同时也要充分意识到乡村生态环境的潜在经济价值，依托自然资源优势大力促进休闲、观光、旅游、养生等第三产业发展，以产业链的有效延伸带动当地乡村经济社会的良性循环发展。

三、乡村产业振兴的基本路径

乡村产业振兴最核心的产业是农业，最突出的问题是解决综合效益和竞争力偏低的问题。因此，在乡村产业振兴的道路上必须遵从经济发展规律，以市场为导向，以品牌为引领，实现生产效率、产业结构、多元保障、综合竞争力的全面优化，才能实现真正意义上的产业振兴。

（一）农业现代化

农业现代化是把农业建立在现代科学的基础上，用现代科学技术和现代工业来装备农业，通过科技化农业化手段，提高农业生产效率，节省农民劳作时间，节约的时间和劳动力可以用于学习新技术、新理念，培育现代化农民，新农民在原有资源的基础上，发展特色旅游，优化经济作物种植、加工，依托网络平台来销售农产品，将农民的生产积极性以及乡村的发展活力充分激发出来，形成良性循环，推动产业兴旺的目标实现。

（二）乡村产业升级

目前，农业作为基础产业的主体地位很大程度上是靠量取胜，乡村产业升级就是要打破这种现象，由靠量提升向靠质提升转变，由低质向高质转变，在基础产业的基础上，基于农业的观光旅游、运动休闲、产品体验等，以系统集成的视角，去创造延伸出新的业态。

新型技术和产品的开发，持续升级并创新农业技术，进而带动全要素生产率的全面提升。推动乡村产业融合发展，降低成本，让农民享受低资源高质量的生产资料，逐步实现乡村产业振兴的目标。

（三）乡村产业的融合

在乡村，农业产业占据了核心地位，依托于乡村第一产业，在农业生产活动中，要全面引入产业链、价值链和供应链等二、三产业的组织及生产方式，提升三大产业的融合度，增强其发展的持续性。

在乡村范围内，有机融合养殖、旅游、加工和互联网等产业，延伸产业发展链条，长度更长、范围更广，在一定程度上降低成本，帮助农民实现产业附加值及收入水平的提升。对农业生产活动中所投入的资料进行优化，对农产品进行合理配置，全面提升农业产业全要素生产率，让农民获取更多的经济收入，尽可能地追加机械、土地等生产资料。

提升乡村农业的现代化水平：在现代农业发展过程中，劳动力投入大大减少，在农业劳动中，大量的劳动力得到解放，这些劳动力逐步向农产品的生产、加工以及旅游等二、三产业转移，在不断升级乡村产业的过程中，逐步达到产业振兴的目的。

（四）乡村产业的多元化支撑

实施财政金融支农、科技兴农工程，建立乡村振兴财政投入持续增长机制，深化乡村振兴重大项目库建设，发挥金融资本助推作用，在信贷方面大力支持乡村产业。在财政方面提供大力支持，推动项目覆盖率的提升，从资金层面，为发展乡村产业奠定坚实的根基。面向乡村产业，对有关金融服务进行完善和创新，促进资金保障的强化和服务门槛的下调，为乡村产业发展提供科学、有效的融资渠道。对重点产业及资源进行重点关注，对农业技术进行革新和创新，为创建和发展新的产业格局创造良好条件，在产业振兴的基础上，为乡村全面振兴提供强有力的支撑。

四、乡村产业的新业态新模式

顺应农业供给侧结构性改革的要求和乡村居民消费拓展升级趋势，乡村产业的新业态新模式（图 2-1）如下：

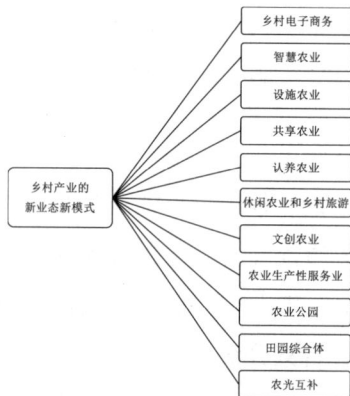

图 2-1 乡村产业的新业态新模式

第一，乡村电子商务。乡村电子商务是农产品流通和农业生产资料销售的新业态，也是创新乡村商业模式、丰富乡村商业服务内容、完善乡村现代市场体系的必然选择，更是转变农业发展方式的重要手段和实施精准扶贫的重要载体，对调整农业结构、增加农民收入、释放乡村消费潜力等都具有明显作用。

第二，智慧农业。智慧农业是综合应用物联网、大数据、人工智能等现代信息技术形成的一种新业态，其集成了应用计算机与网络技术、物联网技术、音视频技术、3S技术、无线通信技术，依托布置在农业生产现场的各种传感节点（如环境温湿度、土壤水分、二氧化碳、图像等），实现对农业生产环境的智能化感知、预警、决策、分析以及专家在线指导，为农业生产提供精准化种植、可视化管理。

第三，设施农业。设施农业是一种具有活力的现代农业经营新模式，通过采用现代化的农业工程和机械技术，为植物、动物生产提供适宜的温度、湿度、光照、水肥和空气等环境条件，在一定程度上摆脱对自然环境的依赖，进行有效生产的农业，具有高投入、高技术、高品质、高产量和高效益等特点。设施农业包括设施栽培、饲养，还包括各类玻璃温室、塑料大棚、连栋大棚、中小型塑棚及地膜覆盖等。

第四，共享农业。共享农业是利用互联网技术，集聚需求方分散、零碎的消费信息，并与供给方精准匹配对接，实现对农业资源重组的一种新模式。共享农业通常贯穿农业产业链的全过程，目前正向共享农庄、共享农机等具体的形态发展，将成为深化农业供给侧结构性改革的新引擎，培育农业乡村发展的新动能。

第五，认养农业。认养农业是一种农事活动新模式，指消费者预付生产费用，生产者为其提供绿色、有机食品，并建立生产者和消费者风险共担、收益共享的一种生产方式。认养农业作为乡村共享经济的一种形式，今后将慢慢向旅游、养老、文化等更多的产业领域渗透融合，并与乡村其他经济形态形成集成创新。

第六，休闲农业和乡村旅游。休闲农业和乡村旅游是农业旅游文化相互渗透，生产生活生态同步改善，乡村一、二、三产业深度融合的新产业、新业态、新模式。休闲农业和乡村旅游呈现持续较快增长态势，对农业乡村经济发展和农民就业增收发挥着越来越重要的作用，将成为拓展农业多功能性、促进资源高效用、满足新兴消费需求的朝阳产业。

第七，文创农业。文创农业是指利用文艺创作的思维，将文化、科技与传统农业要素相融合，开发、拓展传统农业功能来提升、丰富传统农业价值的一种新业态。

第八，农业生产性服务业。农业生产性服务业是顺应乡村社会结构和经济结构的发展变化需要，以农资供应、农技推广、农机作业、疫病防治、金融保险、产品分级、储存和运输、销售等社会化和专业化服务为主要内容，为农业生产提供产前、产中、产后等农业全产业链服务的一种新型业态。

第九，农业公园。农业公园是指以经营公园的思路，主要依托农田和村庄，将农业生产、乡村生活、农耕文化体验相结合的生态休闲和乡土文化旅游模式。农业公园以原住民生活区域为核心，通过农业生产现代化、农耕文化景观化、郊野田园生态化、组织形式产业化、乡村景观园林化等形成农业旅游的高端业态，成为吸引农业消费的新模式。

第十，田园综合体。田园综合体以农民合作社为主要载体，是集循环农业、创意农业、农事体验于一体的综合发展新模式。其主要特征是结合乡村产权制度改革推动现代农业、休闲旅游、田园社区的一体融合，实现城市与乡村互动发展，促进乡村现代化、新型城镇化、城乡融合发展的一种可持续模式。

第十一，农光互补。农光互补是指结合发展设施农业，通过建设棚顶光伏工程实现清洁能源发电，并将光伏科技与现代物理农业有机结合，在棚下发展现代高效农业，实现光伏发电和农业生产双赢的一种农业能源新模式。

第二节　乡村文化振兴

一、乡村文化振兴的动力

乡村是中华文化发源和传承的重要载体，拥有众多的文化遗产和自然遗产。璀璨的中华文化不仅是中华民族生息繁衍的源泉，也是中华民族历经劫难走向振兴的重要支撑。加强文化建设就是在充分传承和发扬中华文化的基础上，利用文化自身的功能，为乡村经济社会稳定可持续发展服务，为中华民族的伟大复兴服务。"乡村文化振兴是乡村振兴战略的重要组成部分，也是促进农业农村全面发展的根源性力量。"[1]

（一）文化是乡村文化建设的基本

中华民族伟大复兴要以中华文化发展繁荣为条件。只有将中华文化体现和惠及幅员广阔的中国乡村上，才能算得上真正的繁荣，乡村富庶而文明，泽惠绵亘。文化是心灵的家园，滋润了中华民族乡村社会几千年的优秀传统文化植根在悠远的历史与复杂的现实中。在中国传统社会，乡村文化不一定是落后的象征，而且恰恰可能是城市文化的重要补充。在乡村，几千年来的传统文化仍然可以根据既有的现实条件进行挖掘整理，这将是更适合乡村文化建设的最好文化养料。

（二）乡村文化是国家发展的重要资源

中国是一个人口大国，农业是中国养命之本，农业是中国立国之本。建设好乡村文化，必将为中华文化的真正繁荣发展做出贡献。经济发展后文化越是悠久就越值得重新挖掘，好的文化传统是最宝贵的精神财富。在我国乡村中，中华文化基因仍然是乡村文化中的主

---

[1] 丁和根，陈袁博. 数字新媒介助推乡村文化振兴：传播渠道拓展与效能提升 [J]. 中国编辑，2021（11）：4.

要内容，大致可以概括为：家族责任，血脉传承；孝亲敬友，伦理支撑；邻里和睦，患难共分；红白喜事，心安礼成；知耻奋发，家风家门；年节气和，风俗人文。这些优秀传统文化基因，仍然是维系与支撑我国广大乡村的文化纽带。乡村文化、乡风文明上升到乡村振兴保障的高度纳入战略蓝图，文化繁荣助力乡村振兴，乡风文明使时代充满新的生机。

二、打造乡村人文新生态

打造乡村人文新生态要善于利用乡村的淳朴、历史的遗迹、乡村风俗传说与历史典故的资源，与乡村的山水、食物、自然风光结合起来，打造一种人文新生态。

打造乡村人文新生态要保护优秀文化遗产，深入挖掘农耕文化蕴含的优秀思想观念、人文精神、道德规范，充分发挥其在凝聚人心、教化群众、淳化民风中的重要作用。保护好文物古迹、传统村落、民族村寨、传统建筑、农业遗迹、灌溉工程遗产。健全乡村公共文化服务体系，发挥县级公共文化机构辐射作用，推进基层综合性文化服务中心建设，实现乡村两级公共文化服务全覆盖。

整理、保护、传承和发展地域优秀传统文化。加强文化和自然遗产保护，坚决杜绝过度商业化开发现象。建设乡村博物馆，推动创作具有地方特色和乡土气息的书画、影视、戏曲、曲艺、文学等文化作品，尤其是体现讲好中国故事、表现人民大众、反映时代风貌、突出地域特色的文化作品。

加强对历史文化名村和自然风景名村以及名人故居的修缮和保护，防止它们在工业化和城镇化进程中受到破坏，充分发挥它们在文化传承中的载体作用，不仅仅要把文化建设的设施深入乡村，更需要把中华人文精神在乡村复兴。

三、打造文化共同体

文化发展和建设是一个综合性的问题，必须把文化建设与相关的方方面面结合起来。优秀文化能够凝聚民心、教化人心，是情感的纽带，能够增进乡土生活的幸福感，实施"文化+"计划，有助于充分发挥乡土文化的重要作用。

增强乡村文化驱动力，加速传统文化、农耕文明与现代传播载体和特色产业的有机结合，形成文化与产业共促共荣的良好局面，打造文化共同体。乡村文化是对中国传统文化的解构、传承、转型和中国特色社会主义文化的建构。

（一）"文化+传统道德"

积极利用优秀传统民俗文化的正能量，把传统道德约束与村民自律、村组织管理有效结合起来，促进和谐稳定。推进诚信建设，强化农民的社会责任意识、规则意识、集体意识、主人翁意识。深入实施公民道德建设工程，建好、用好乡村道德讲堂，大力开展主题实践活动，评选勤劳致富、热心公益、孝老爱亲、创新创业、教子有方等乡村好人，宣传思想道德模范事迹。

（二）"文化 + 经济发展"

在自觉传承文化的基础上，发展观光农业、现代农庄和特色小镇等，使农民在家门口致富，使乡村成为宜业宜居的新家园。如以工艺美术为特色的乡村，可以建立传统手工艺原创生产示范基地，以手艺带农户，以农户带乡村，以乡村带基地，以基地带销售，建设"手艺乡村"原创手工艺品线上线下营售商业模式，发展乡村手工文化产业。

在民族及边远贫困地区实施"手艺文化扶贫"，推动少数民族及边远贫困地区手工艺产品品牌、企业品牌向区域文化品牌转移，加强手工艺知识产权法律援助，开展创意研发等文化帮扶，开放手工创意产品发行传播通道，帮助产品直销，动员吸收社会力量来发展民族地区及贫困地区特色手工艺。

（三）"文化 + 公共活动"

"文化 + 公共活动"的方式，建设乡村文化是一种具有意义的文化探索。从乡村的实际出发，因地制宜，激发乡村文化活动的主创性，充分汲取乡土精华，充分吸纳乡村文化成果，积极打造特色乡村文化，广泛开展形式多样、内容丰富的文化惠民活动，努力营造浓厚的文化氛围。

积极开展各种文化活动，弘扬和宣传中华文化，发挥中华文化正能量的作用来为经济社会发展服务，培养广大民众弘扬中华文化的自觉行动，并树立起文化自信；利用民俗文化中带有正能量的功能，加强连接城乡的文化纽带建设，为乡村社会的自治和稳定发展服务，使优秀民俗成为乡村公共活动的平台资源，在文化上有传承，在发展中有凝聚和认同。

四、重建文化自信，复兴乡村教育

（一）复兴乡村教育

乡村学校作为传统文化传承的重要载体之一，与乡村社会是相互影响和促进的互动过程。一方面，乡村对学校教育发挥着潜移默化的影响，乡风、民风、习惯、传统道德以及乡村信仰等通过人们的言行举止影响和教化在校学生。因此，乡村学校是传统文化得以传承的重要空间。另一方面，乡村学校同时也是重要的乡村文化和社会整合组织。

现代乡村学校本应根植于乡村，存在发展于乡村，乡村学校教育功能应与乡村社会功能相结合，方便学生往返学校与家之间，既有利于融入乡村社会，接受乡村文化熏染，也利于教师与村民、家长交流。学校对乡村开放、学校资源为村民共享，使学校成为乡村文明的指示塔，对促进整个乡村文明、文化进步具有重要意义。

乡村教育的衰落是乡村衰落的重要表现，也是原因之一。因此，乡村教育复兴是乡村振兴的重要内容，也是乡村振兴的基础。推动城乡义务教育一体化发展，教育投入继续向困难地区和薄弱环节倾斜。因此，办好村里的农民成人学校是十分重要的，其作为培养新型农民的阵地，担负着党的路线方针教育、文化法治教育、农业科技教育推广、乡村生产技能教育、乡村生活方式教育、农民组织与管理的教育等教育职责。乡村迫切需要完善新型农民教育体系，创新农民教育内容和方式，重视乡村师资队伍建设和教育条件改善。只有发展好乡村教育，才能培养出大批懂农业、爱农民、爱乡村的"三农"人才，乡村振兴战略才能获得可持续发展的动力。

（二）农教结合

乡村教育不仅承载着乡村的教育问题，在城乡融合、产业联动的背景下，农业因其自身的产业特色，完全可以做到与日常的学校教学相结合，吸引大量的城镇居民，实现真正的农教结合。

振兴乡村，一定要让年轻人对农业产生兴趣。我们可以借鉴欧美国家的做法，比如美国，流行按年级定制活动：一年级的在农场做零活，包括喂鸡、放羊或者就看看动物；二年级种植农作物，将亲自打谷、扬场。三年级动手做饭；四年级认养奶牛；五、六年级研制乳制品；从七年级起，学生们开始通过探险拓宽他们已经熟悉的领域；八年级学习气象学；九年级学习经济农场学；十年级进行土地测量；十一年级进行较深入的学科研究。这样的安排更有利于孩子的智力发育，更有利于学生对农业产生兴趣。培养农业发展的后备力量，不只是为了农教结合的农场的发展，更是为了整个农业的发展。

我们可以开发以农业为主的课程，将部分课堂教学放到农教结合的农场中，让学生在田间观察植物生长，在动物饲养区喂养小动物，在地里参与农事劳动，这些都会丰富学生的阅历。也可以在乡村开设生命教育课程，农业生命的呈现过程是所有行业当中最完善的，呈现了植物生根、发芽、开花、结果、死亡，动物出生、成长、衰老、死亡的过程。既可以通过速生的蔬菜，也可以通过不同生长阶段的动物，来告诉学生生命到底是什么。让学生感悟生命的有限性、唯一性，从而思考个体生命的存在价值，并在人生实践中实现其生命价值，这远比喋喋不休的教导要更有说服力。

五、加强乡村公共文化服务体系建设

加强乡村公共文化服务体系建设，丰富群众文化生活，充实乡村内生动力。繁荣兴盛乡村文化，焕发乡风文明新气象，坚持物质文明和精神文明一起抓，推动乡村文化事业和文化产业发展，提升农民精神风貌，培育文明乡风、良好家风、淳朴民风，不断提高乡村社会文明程度。

乡村文化建设应根据各地实际，体现地域特色。具体做法如下：

第一，从乡村文明出发完善基础设施。加强各类文化基础设施建设，为乡村居民提供丰富多彩的文化服务；建设具有共同价值的"乡土博物馆"等文化设施，重视具有识别价值的乡村聚落、民居住宅等"乡土景观群"，使集物候节律、传统节日等与日常生产生活一体的"农业遗产带"焕发活力，进一步发展集循环农业、创意农业、农事体验于一体的"田园综合体"，发挥乡土文化景观的人文辐射作用。

第二，从地方文化出发，开展群众喜闻乐见的文化活动。调动农民参与热情，自创文化阵地；推进基层综合文化服务中心建设，实现乡村两级公共文化服务全覆盖；广泛开展群众性文化活动，鼓励各类民间艺人为乡村文化服务多做工作，让民间文艺活跃在民间。

第三，加强"三农"题材文艺创作，反映乡村振兴的历史进程，叙述优秀的"三农"故事，体现乡村价值、乡村精神，鼓舞人们建设乡村、发展乡村；活跃繁荣乡村文化市场，丰富乡村文化业态，弘扬乌兰牧骑精神，开展"红色文艺轻骑兵送文化""文化惠农直通车"等系列活动。

六、乡村文化兴盛的路径

农业文化发展是振兴乡村文化建设的重要环节，我们要充分认识到乡村文化对于乡村建设的重要引领作用。乡村文化的兴盛与农业发展密不可分。乡村文化兴盛的路径如下：

（一）革新农业运营体系

为了提高土地的能动性以及农业生产的效能，开发对水、土壤等农业资源的利用，提高农业经济收入和促进劳动生产率，应改变传统的生产经营方式，紧紧跟随着社会经济快速发展的步伐，推动土地的规模化经营。

应用现代工业和现代科学技术来武装农业，创造消耗低、质量优、产量高的农业生产体系。促进农业现代化发展推动土地的规模化经营是大势所趋。在市场进行中通过土地资源配置和流转进行调节，促进经营规模化，这样不但可使农业资源得到更加合理的配置，也可减少土地使用过程中的分歧和争端，从而切实提高土地耕作的经济效益。

（二）优化农业生产结构

改变农业产业结构，产业横向把握"稳、减、增"的方向，农产品的营销贯穿横纵的调整并入"互联网＋"的新管理模式，再与传统营销模式聚集，通过网上销售、专业指导、专人负责等现代化方式扩大农产品市场基础，完善和建立现代农产品管理体系。

（三）农业发展与乡村文化发展协同发展

深刻理解农业文化对于乡村发展的决定性意义，才能充分发挥文化之于社会发展的正向作用，使发展农业乡村文化成为乡村振兴发展的关键环节，为乡村社会整体发展提供"动力输出"。

总之，农业发展必将带来乡村文化的进步，乡村文化的发展也将带来农业的产业兴旺，二者相辅相成，协同发展。

第三节 乡村生态振兴

一、改善乡村环境

乡村生态振兴作为乡村振兴中关键一环，建设好乡村生态环境，不仅对城乡乃至全国的生态建设至关重要，而且对满足城乡居民美好生态环境的追求与向往有着重要影响。尊重自然、顺应自然、保护自然，以绿色发展引领生态振兴，发挥地区生态优势，让生态和经济良性循环，实现百姓富、生态美的统一，共同打造美丽乡村、美丽中国。

（一）改善乡村的居住环境

近年来，国家大力推进乡村基础设施建设和城乡基本公共服务均等化，乡村人居环境建设取得显著成效。以乡村垃圾、污水治理和村容村貌提升为主攻方向，加快补齐乡村人居环境突出短板。让乡村美起来的愿望，有了清晰的落实蓝图。

实现生态宜居的目标，要解决乡村现有的环境问题，改造和升级乡村居民生活环境设施，在让居民生活更方便、更环保、更有质量的同时，减少居民生活对环境产生的污染和破坏，整治乡村的人居环境，整合各种资源，做好乡村垃圾清理、污水治理、饮用水保护和村容村貌提升，稳步有序地针对乡村人居环境进行治理。

第一，推进乡村生活垃圾治理。统筹考虑生活垃圾和农业生产废弃物利用、处理，建立健全符合乡村实际、方式多样的生活垃圾收运处置体系。有条件的地区要推行适合乡村特点的垃圾就地分类和资源化利用方式。开展非正规垃圾堆放点排查整治，重点整治垃圾山、垃圾围村、垃圾围坝、工业污染"上山下乡"。

第二，开展厕所粪污治理。合理选择改厕模式，推进厕所革命。对于城市近郊区以及其他环境容量较小的地区村庄，加快推进户用卫生厕所建设和改造，同步实施厕所粪污治理。其他地区要按照群众接受、经济适用、维护方便、不污染公共水体的要求，普及不同水平的卫生厕所。引导乡村新建住房配套建设无害化卫生厕所，人口规模较大村庄配套建设公共厕所。加强改厕与乡村生活污水治理的有效衔接。鼓励各地结合实际，将厕所粪污、畜禽养殖废弃物一并处理并资源化利用。

第三，梯次推进乡村生活污水治理。根据乡村不同区位条件、村庄人口聚集程度、污水产生规模，因地制宜采用污染治理与资源利用相结合、工程措施与生态措施相结合、集中与分散相结合的建设模式和处理工艺。推动城镇污水管网向周边村庄延伸覆盖。积极推广低成本、低能耗、易维护、高效率的污水处理技术，鼓励采用生态处理工艺。加强生活污水源头减量和尾水回收利用。以房前屋后河塘沟渠为重点，实施清淤疏浚，采取综合措施恢复水生态，逐步消除乡村黑臭水体。

第四，防控乡村企业污染。严格控制在优先保护类耕地集中区域新建有色金属冶炼、石油加工、化工、焦化、电镀、制革等行业企业，现有相关行业企业要采用新技术、新工艺，加快提标升级改造步伐。

（二）提高绿色农业生产水平

绿色农业是发展现代农业的最前沿，要不断提高绿色农业生产水平，逐步减少农业生产对生态环境的污染和破坏，用生物肥料和生物农药替代化学肥料和化学农药，使用可降解程度更高的薄膜，把化学有机物对土壤、河流的面源污染程度降到最小，为消费者提供安全、高品质的农产品。

1. 提高人们的绿色消费意识

随着绿色消费理念逐渐获得越来越多人的认可，扩大了无公害绿色农产品的消费需求。应积极宣传绿色消费理念，增强人们的绿色消费观念与意识。

（1）在日常的消费行为中，应逐渐融入一些绿色消费的理念，逐步影响消费者的行为。

（2）加大力度宣传绿色消费及绿色产品对人体健康、环境保护方面的好处。通过科技人员下乡培训、宣传以及广播、电视、网络等媒介的推广，让更多的人认识绿色农业，培养消费者的绿色消费观念，让消费者认识到农产品的质量安全、资源环境的保护都与自身利益息息相关，让农民认识到绿色农业有利于长久保障农民收入的增长。

（3）应在全国推行生态保护理念，让农业生产的生态保护意识深入人心，让绿色生产、安全生产贯穿于整个农业生产，形成技术、环境、经济的和谐、可持续发展。

2. 强化绿色农业发展的科技支撑

（1）先进技术的创新与开发

第一，充分重视绿色农业技术人才。对于绿色农业而言，科学技术是第一生产力，而技术人才是生产力发展的关键。构建绿色农业技术研究团队，整合企业、科研院所以及高校的科研人才，聚集尖端科研实力，为绿色农业发展注入强大的人才动力。

第二，重视先进技术的创新与研发工作。从技术创新的角度开发绿色环保型农业技术，进一步满足绿色农业发展需求。在种植方面，开发保护性耕作技术，提升土地利用率与劳动生产技术；与此同时，加强防治技术、病虫害预测与控制技术的研究。在农产品加工方面，应创新绿色农产品加工工艺，拓展绿色农产品产业链，最大限度地提升和开发绿色农产品的附加值。通过技术创新，打造完善的绿色农业产业系统，推广应用无公害技术和清洁生产技术，最大限度地降低污染物的排放和资源的消耗。

第三，加强新技术、新科技的推广力度。将农业企业培养成农业新技术、新科技的研究与成果转化主体，并鼓励研究机构将研究成果向一线农业生产转化，积极推动各类型的农业科技服务组织参与到科技成果转化的工作当中。

（2）加大绿色农业发展的资金投入

第一，加强财政对绿色农业产业发展的资金支持。划定各级财政的财务支持范围，鼓励绿色农业主体参与到经营当中，对于涉及公共利益的社会项目，如生态环境区的保护、生态农业基础设施建设等，鼓励投资方的多元化。

第二，注重绿色农业补贴的力度与广度。提高绿色农业补贴的规模，全面提高绿色农业生产的综合能力，促进农业发展方式的转变和环境资源的保护，提升农民收入水平，促进城乡协同发展。

第三，进一步拓宽资金进入绿色农业产业的渠道。做大、做强绿色农业产业，离不开市场机制与社会资金的注入。各级政府及金融机构应加强对绿色农业发展投入的支持力度，扫清绿色农业资金投入的障碍；发挥乡村信用社在绿色农业产业金融支持中的作用，引导各类金融机构积极进入绿色农业，包括降低农民小额贷款的门槛，加大政府对贷款利息的补贴等；重视社会资金在绿色农业生产中的作用，健康引导民间金融组织进入绿色农业产业。

3. 建立绿色农业发展体系与制度

绿色农业的发展离不开市场机制的推动，政府扶持是绿色农业发展的重要动力与基石，政府通过颁布相应的法律法规，为绿色农业的发展提供财力、物力、人力的支持。

（1）构建齐全的绿色农业生产法律法规。绿色农业的可持续发展需要相应的法律法规，以加强对绿色农业发展战略的保护。绿色农业不仅关乎农业生产本身，也与环境保护直接相关，因此，完善绿色农业生产相关的法律法规，将有利于生态环境的保护，提高人民的法治意识，为绿色农业的推行提供法律支撑。

（2）加强对绿色农产品的质量监控。应构建科学、严格的绿色农产品质量安全认证体系，并严格规范绿色农产品申报、审批相关的制度。打通绿色农产品产销通道，解决绿色农业发展的终端消费问题。规范绿色农产品质量监督管理体系，从严控品质着手，打造绿色农产品的公信力。

（3）为绿色农业发展提供可靠的政策保障。第一，在土地经营政策方面提供支持。对于绿色农业龙头企业，优先保障其用地指标，并在市场监管部门登记注册、收费、土地审批方面予以支持。第二，在产业投资政策方面也应予以扶持。提高政府财政预算对绿色农业发展的支持，重点倾向于有利于生态环境保护、资源利用、清洁生产等方面的绿色农业发展项目。进一步提高对循环农业、农业污染治理、高标准农田等项目的建设标准以及投资的支持力度。

二、整治乡村土地

土地资源是乡村实现发展、农民实现致富的关键渠道和手段。开展土地整治，是建设新增耕地、提升耕地产能，改善乡村生产生活条件、集约用地的重要手段。将乡村土地进行整治，集中利用闲置的土地资源，规范乡村土地使用行为，既能让农户直接受益，又能促进乡村集体经济发展。

调整完善土地整治重大工程支持政策，促进乡村土地的完全可利用性，确保乡村生态化建设，确保乡村农民能受益，能增收；并且各村在进行土地整治的过程中，村委和农户都将获得一定的奖励。乡村土地整治，主要是对乡村地区的田、水、路、林、村进行综合整治，提高土地的利用率，当前土地整治重点将集中在建设高标准农田、增加有效耕地面积、盐碱地改良等方面；尤其是针对乡村散乱用地、闲置用地、低效建设用地的整理，还有就是对废弃的、有损毁的土地进行集中复垦。

在土地整治的参与主体间、城乡资源要素间、生产与市场间建立平台，以定制化、服务导向型的土地整治规划和工程推动土地多功能复合利用，延伸土地整治链条，培育农业和乡村发展新动能，探索形成以"土地整治+"带动区域转型发展、实现综合效应的新模式。

"土地整治+"是一次高起点的自我净化。其中，土地整治工程是"本体"，"+"则是土地整治与发展战略目标间的桥梁。搭建桥梁的手段在于打造"信息交互、价值传播、资源整合、产业竞合"的跨界融合平台。在"内涵"层面，土地整治须主动发挥夯实供给基础、开辟供给空间、解除供给制约、释放供给活力、丰富供给形式、优化供给结构的职能。在"外延"层面，通过土地整治平台横向接驳智库、艺术创作等创新要素，纵向关联都市服务性产业，形成从"整治"到"利用"再到"发展"的全链条动力传导。

（一）"土地整治＋乡村闲散资源"，激活发展内动力

整治土地，改变乡村零散资源的空间结构和利用组织形式，激活乡村发展内生"造血"能力，实现乡村复兴、精准扶贫等综合目标。以"价值挖掘、深度利用"为指引，在规划设计方面，为公共服务和乡村旅游配套设施腾挪空间，对地方原生特色地形地貌和具有文化、历史价值的建筑予以保护修缮，酌情改造为旅游服务设施。

（二）"土地整治＋都市现代农业"，弥补短板

通过多功能农用地整治的"两增加"，即适度增加设施农用地比例、增加绿色基础设施，实现促进高科技农业生产技术落地、促进都市型现代农业的业态发展。运用"土地整

治＋现代农业"，沟通供需两端，挖掘农用地复合价值，弥补健康农产品供给、农业生态旅游等都市服务短板。

（三）"土地整治＋都市服务产业"，打造特色业态综合体

借助土地整治线上平台，传播土地整治价值并对接社会需求，通过市场机制筛选未来土地利用方式的"最优解"，与相关主体达成用地意向。

引入创新智库，直接对接未来规划产业的用地需求，因地制宜、因用施整，提升设计施工的精细化与美学水平。借助平台吸引资源，特别是未来用地主体的投入，创新PPP[①]、众筹等投融资模式，与后续利用无缝对接，吸引都市服务性产业进驻。

（四）"土地整治＋环境综合整治"，构建重大生态功能区

以重要的生态网络节点和生态保育区建设为突破口，借助土地整治平台，加强部门间规划与资源投入的协调度，有效对接社会资金、技术资源，保障土地整治顺利实施。拓展绿地、农田、水域等生态空间，消除污染点，高效利用复垦形成的土地资源，适度增加林地面积比例，促进生态空间沟通联结；借助"土地整治＋"，沟通项目区与都市区（消费市场），对各类生态空间进行保护性、有限度开发，实现"以整促绿、以绿养绿"。

三、加强乡村生态功能建设

生态宜居的乡村要尊重自然环境、尊重历史肌理、尊重地域文化，加强生态保护区、水源涵养区的生态功能建设，最大限度地发挥它们美化乡村的生态功能。

（一）保护、恢复生态功能

遵循先急后缓、突出重点，保护优先、积极治理，因地制宜、因害设防的原则，结合已实施或规划实施的生态治理工程，加大区域自然生态系统的保护和恢复力度，恢复和维护区域生态功能。

第一，提高水源涵养能力。在水源涵养生态功能保护区内，结合已有的生态保护和建设重大工程，加强森林、草地和湿地的管护和恢复，严格监管矿产、水资源开发，严肃查处毁林、毁草、破坏湿地等行为，合理开发水电，提高区域水源涵养生态功能。

第二，恢复水土保持功能。在水土保持生态功能保护区内，实施水土流失的预防监督和水土保持生态修复工程，加强小流域综合治理，营造水土保持林，禁止毁林开荒、烧山开荒和陡坡地开垦，合理开发自然资源，保护和恢复自然生态系统，增强区域水土保持能力。

第三，增强防风固沙功能。在防风固沙生态功能保护区内，积极实施防沙治沙等生态

---

① PPP（Public-Private Partnership），别称 PPP 模式，是在公共基础设施领域政府和社会资本合作的一种项目运作模式。PPP 是以市场竞争的方式提供服务，主要集中在纯公共领域、准公共领域。在项目运作模式下鼓励私营企业、民营资本与政府进行合作，参与公共基础设施的建设。

治理工程，严禁过度放牧、樵采、开荒，合理利用水资源，保障生态用水，提高区域生态系统防沙固沙的能力。

第四，提高调洪、蓄洪能力。在洪水调蓄生态功能保护区内，严禁围垦湖泊、湿地，积极实施退田还湖还湿工程，禁止在蓄滞洪区建设与行洪、泄洪无关的工程设施，巩固平垸行洪、退田还湿的成果，增强区内调洪、蓄洪能力。

第五，增强生物多样性维护能力。在生物多样性维护生态功能保护区内，采取严格的保护措施，构建生态走廊，防止人为破坏，促进自然生态系统的恢复。对于生境遭受严重破坏的地区，采用生物措施和工程措施相结合的方式，积极恢复自然生境，建立野生动植物救护中心和繁育基地。禁止滥捕、乱采、乱猎等行为，加强外来入侵物种管理。

第六，保护重要海洋生态功能。在海洋生态功能保护区内，合理开发利用海洋资源，禁止过度捕捞，保护海洋珍稀濒危物种及其栖息地，防治海洋污染，开展海洋生态恢复，维护海洋生态系统的主要生态功能。

（二）合理引导产业发展

充分利用生态功能保护区的资源优势，合理选择发展方向，调整区域产业结构，发展有益于区域主导生态功能发挥的、资源环境可承载的特色产业，限制不符合主导生态功能保护需要的产业发展，鼓励使用清洁能源。

第一，限制损害区域生态功能的产业扩张。根据生态功能保护区的资源禀赋、环境容量，合理确定区域产业发展方向，限制高污染、高能耗、高物耗产业的发展。要依法淘汰严重污染环境、严重破坏区域生态、严重浪费资源能源的产业，要依法关闭破坏资源、污染环境和损害生态系统功能的企业。

第二，发展资源环境可承载的特色产业。依据资源禀赋的差异，积极发展生态农业、生态林业、生态旅游业；在中药材资源丰富的地区，建设药材基地，推动生物资源的开发；在以畜牧业为主的区域，建立稳定、优质、高产的人工饲草基地，推行舍饲圈养；在重要防风固沙区，合理发展沙产业；在蓄滞洪区，发展避洪经济；在海洋生态功能保护区，发展海洋生态养殖、生态旅游等海洋生态产业。

第三，推广清洁能源。积极推广沼气、风能、小水电、太阳能、地热能及其他清洁能源，解决乡村能源需求，减少对自然生态系统的破坏。

四、乡村生态振兴的保障措施

第一，建立多渠道的投资体系。要探索建立生态功能保护区建设的多元化投融资机制，充分发挥市场机制作用，吸引社会资金和国际资金的投入。要将生态功能保护区的运行费用纳入地方财政。同时，应综合运用经济、行政和法律手段，研究制定有利于生态功能保护区建设的投融资、税收等优惠政策，拓宽融资渠道，吸引各类社会资金和国际资金参与生态功能保护区建设。要开展生态环境补偿机制的政策研究，在近期建设的重点生态功能保护区内开展生态环境补偿试点，逐步建立和完善生态环境补偿机制。

第二，加强对科学研究和技术创新的支持。生态功能保护区建设是一项复杂的系统工程，要依靠科技进步搞好生态功能保护区建设；要围绕影响主导生态功能发挥的自然、社会和经济因素，深入开展基础理论和应用技术研究，积极筛选并推广适宜不同类型生态功能保护区的保护和治理技术；要重视新技术、新成果的推广，加快现有科技成果的转化，努力减少资源消耗，控制环境污染，促进生态恢复；要加强资源综合利用、生态重建与恢复等方面的科技攻关，为生态功能保护区的建设提供技术支撑。

第三，增强公众参与意识，形成社区共管机制。生态功能保护区建设涉及各行各业，只有得到全社会的关心和支持，尤其是当地居民的广泛参与，才能实现建设目标。要充分利用广播、电视、报刊等媒体，广泛深入地宣传生态功能保护区建设的重要作用和意义，不断提高全民的生态环境保护意识，增强全社会公众参与的积极性。各级政府要通过与农、牧户签订生态管护合同，建设环境优美乡镇、生态村等多种形式，建立良性互动的社区共管机制，提高当地居民参与生态功能保护区建设的积极性，使当地的经济发展与生态功能保护区的建设融为一体。

第四节 乡村组织振兴

乡村组织的类型涵盖了乡村生活的方方面面，乡村基层组织建设包括乡（镇）、村在内，重点是村的基层建设，是乡村基层组织建设的重要工作任务。以党的基层组织、政权组织、经济组织、群众团体为代表的乡村基层组织，它们是党落实在乡村政策、方针、各种任务的坚强依靠和支撑。

乡村振兴的关键在组织，组织振兴是关系乡村振兴战略的核心一环，直接决定了战略的顺利实施。作为乡村基层必须补齐短板，实现组织振兴。加强基层党组织建设，应该以提升组织力为重点，突出政治功能。

一、乡村组织振兴的理论基础

（一）城乡二元结构理论

城乡二元结构，通常意义上定义为以社会化生产为主要特点的城市的市场经济和乡村小农生产为主要特点的乡村经济并行的社会经济结构。城乡二元经济社会结构，即城市和乡村两个社会形态。现代工业和传统农业及其分割而成的制度结构的二元经济形态。当前，破除二元结构，加快建立城乡融合发展体制机制和政策体系的需求尤为迫切。

从乡村发展水平、收入差距现状、发展方式出发，提出了统筹城乡发展、融合发展、一体化发展等一系列的思想。统筹城乡发展，不能忽视生态文明和生态振兴建设。坚持可持续发展不动摇，奠定了坚实的理论基础。

（二）集体产权理论

产权以所有权为核心，包括占有、使用、处置、收益等各种不同的权利。关于产权制度，是产权规则和关系的总称，对于保护权益，规范程序有着十分重要的作用。集体产权是众多不同产权形式中的一种，它与集体所有制形式相适应，是我国乡村集体所独有的。乡村集体所有制的经济形式决定了乡村集体产权制度的核心。这样的产权是在某一特定范围和组织中形成的，这个组织就是集体。这种产权只存在于集体成员之中，是一种经济权利的现实表现。对于集体外的成员具有排异性，而对于集体内的成员来说有着稳定性和共有性的特征。我们国家乡村的集体资产一般由经营资产、非经营资产和资源型资产构成。集体产权理论是对于归属乡村集体中的各类资产合法处置，应当如何拥有划分、分配经营的依据和制度。

二、乡村组织振兴的内在逻辑

乡村振兴作为复杂的系统工程是一个整体性治理过程，是要激活和发挥各参与要素的优势潜能，使之有效衔接的过程。在资源紧约束条件下，健全和完善村民自治机制，实现乡村组织振兴，要同时面向国家支农资金的有效使用、面向社区服务和农民组织化效益的有效实现、面向市场资源的有效配置。它的良性运转不仅需要"行政性"和"社区性"双重赋权，还需要"市场性"赋权。行政赋权逻辑为乡村组织振兴提供了政策空间、项目资源和试点授权；社区赋权逻辑创新了乡村组织振兴的动员方式、组织结构和职能定位；市场赋权逻辑设定了乡村组织振兴中资源要素的配置方式、样态与机制。"三个面向""三重赋权"的协调联动，彰显了理解乡村治理转型的辩证关系，整合了"属事"与"属人"的一线治理逻辑，实现以"事"聚人，以"人"促事，在既有乡村治理结构的框架内，创新要素组织结构及其运行机制，回应了乡村有效治理的现实需要，是未来乡村振兴发展的重要趋向。

（一）"三重赋权"的有机衔接

政府、市场和乡村社会的职能需要有机衔接，激发乡村各类资源要素的潜能和各类主体的活力，实现三者的协同共治。在具体的村治实践中，学界提出了总体性治理、优势治理、经营性治理等分析概念。

中国乡村治理需要地方政府及各部门、乡村社区、社会和市场力量的共同参与所形成的总体性治理样态。乡村振兴的治理主体、运行规则、可用资源等要素要发挥效能，需要服从于治理要素的匹配结构和治理机制的微观调控。这就需要我们把对乡村治理的审视放置于结构与机制的实践框架下，用以理解乡村治理的内在逻辑，进而在城乡社会变迁、国家治理转型和资源配置市场化的进程中来寻找和检视乡村治理现代化的可行方案。

探索有效导入市场资源，实现"内驱式"的发展主体、动力和路径创新。其内在逻辑是：以农民再组织化为手段，通过乡村治理的要素结构、主体形式、运行机制的重建，积极面向国家支农资金的有效使用，面向社区服务和农民组织化效益的有效实现，面向市场资源的有效配置，形成"政府引导—农民主体—市场运作"的"三重赋权"效应，力图实现国家"公权力"、市场"私权利"、乡村基层组织和个人"微权利"多元治理结构的均衡。

（二）"三重赋权"的具体内容

1. 行政赋权——权力维度

乡村振兴战略是由党和政府统揽全局、规划设计、推进实施的乡村发展蓝图，而且政府需要赋权增能于市场和乡村社会以助推乡村全面振兴。党和政府正是在政治、经济、文化和社会各个方面制定了一系列政策、法规来赋权农民，并确保农民成为现代化进程中的权利主体、经济主体、治理主体和发展主体，使农民的权利逐渐获得了广泛、深入发展。在具体的赋权方式上行政赋权主要表现为政策赋权、试点赋权和项目赋权。

（1）政策赋权。随着国家权力在乡村社会作用方式方面的不断调整，家庭承包制在很大程度上解放和发展了乡村生产力，村民自治制度也激发了乡村社会的自主活力。在这个进程中，农民和国家之间的关系实际上体现着"党群关系"所塑造的乡村治理进程中需要的"团结谁、依靠谁"的政治逻辑和"国家—社会关系"所塑造的事务性的"管理—服从、治理—发展"的行政逻辑。由此两种逻辑实际上形成了乡村治理调整结构、任务、方式的主要参照。

乡村治理不可避免地成为国家治理在乡村的延伸，需要直面并回应国家治理体制及其背后资源，因此激活主体还必须赋权增能于主体。政策赋权给予乡村社会的是"基础性权利"。农民的权利发展经历了由简单到多元、由低层次到高层次的不断发展和深入的过程。乡村治理的组织形式、实现机制也面临新的转型与发展。

（2）试点赋权。在现代化建设进程中，中国共产党始终以实现发展作为回答时代课题的基本方法，始终以布局试点、推进改革作为实现发展的基本方法。在国家治理现代化进程中，具体治理内容与方式的丰富离不开地方政府治理实践的创新。政策试点作为执行顶层设计、开启实践创新的重要环节，为我国制度优势向治理效能的转化拓展空间，将会发挥更加重要的积极作用。但在具体探索中，如何增强"试点赋权"的规范性、稳定性，仍然需要建立地方改革的容错机制和提供政策创新的立法保障，增强体制韧性。

（3）项目赋权。为便于理解国家权力作用于乡村社会的内在逻辑，我们需要注意取消农业税前后国家作用于乡村社会的两种不同的能力：资源汲取能力和乡村建设能力。对于乡村社会的治理而言，两者产生了不同的影响。由资源汲取向资源输入的过渡意味着国家权力已转变为以一种全新的方式渗透作用于乡村社会，也同时意味着乡村治理的职能定位、资源要素的配置方式和运行机制需要新的转型。

总之，政策赋权、试点赋权、项目赋权共同构成了国家权力作用于乡村社会的行政逻辑，其对于乡村组织振兴的赋权增能内在机制和效果是不同的。行政赋权为乡村振兴提供了体制空间、制度保证和财政资源，是乡村组织振兴的基础和前提。长期以来，以国家配置为主的配置方式，导致权力配置效率低下。因此，行政赋权的获得，需要创新财政资金使用方式，着力培育乡村振兴内生动力、撬动更多社会资本。需要通过创新乡村治理和发展的"微机制"，以集成政策、汇聚行政资源、激活自身要素。

2. 社区赋权——社会维度

农民作为乡村振兴的内在力量，是乡村振兴最基本的实施和受益主体，乡村生产要素也是外界因素要激活的基本要素。新的技术装备、新的知识、新的形式的财富和权力增强了社会流动，即引发了个体化的迁移、家族的沉浮、群体的分化、新的领导形式、新的生活方式、不同的价值观念的产生。

（1）聚人：乡村社会结构的动员新机制。随着以家庭承包经营为基础而来的，是国家权力作用于乡村社会的作用方式的改变，人民公社体制被代之以"乡政村治"，使村民在涉及身边的事务中自我管理、自我教育和自我服务。自生能力是乡村自主发展的前提，乡村振兴需要多维度、多面向地汇聚政府、市场和社区的资源，创造条件获得多层次主体的社会参与以提供持续的动力。这就需要创新工作机制，以充分发挥村民、乡贤、各类精英和社会组织在乡村振兴中的能动作用。而群众是处于地方情境，有着复杂情感和认知的活动主体。因此，乡村社区建设政策的创新需要以共同体重建作为核心动力，积极回应乡村空心化、老龄化、分散化等问题，这成为激活乡土公共性，进而有机整合发展要素的重要机制。

（2）合财：新型集体经济产权制度改革。在乡村治理领域中，不同形式的治理主体以及治理资源的整合所形成的"人（组织）—物（财）—人（组织）"的基本关系及其互动，构成了乡村治理的具体机制。乡村治理的诸多探索及其成效，从根源上取决于乡村集体产权的有效实现。

发展新型乡村集体经济，深入推进乡村集体产权制度改革，推动资源变资产、资金变股金、农民变股东，探索乡村集体经济新的实现形式和运行机制。这一"新集体主义"的制度理念，在尊重市场经济背景下个人利益的基础上建立起一种具有合作机制、公私兼顾的关系模式。这是在市场经济发展背景下，基于乡村要素流动的特征和需求而生成的，其在制度背景、组织形式、运行机制等各方面显然与计划经济时期人民公社式的"旧集体化时代"相区别。

在市场经济背景下，集体产权的存在和良性发展，也立基于多种经济成分的彼此促进。在此方面，村社全要素股份合作方式通过增强村"两委"治理和服务能力建构起治理权威，通过支持农户产业发展建构起新型集体经济的经济协作，通过敬老公益事业建构起集体归属和价值整合。当然，村"两委"与合作社边界清楚、职能不同，在利益共享过程中持续推进乡村发展，从而形成内生性整合逻辑，成为动态、开放的乡村振兴内生长效机制。

（3）促事：乡村振兴的"属事"逻辑。我国在取消农业税之后，村民自治组织日常业务的经费依赖政府的转移支付，而要解决村民生产生活问题只能依靠"一事一议"的机制争取获得政府"以奖代补"的财政资金。作为村庄社区的公共组织，社区治理组织的有效运转和作用发挥，也因此离不开社区赋权，即社区民众自愿的认可、配合和支持。

在乡村振兴背景下，村庄的"事"可以分为"维持性事务"（即维持村庄基本生活秩序的诸如调解矛盾、组织协调婚丧嫁娶等社会性事务），"行政性事务"（即政府安排的诸如防火／防汛、确权、改厕、防疫等行政渗透性事务），"发展性事务"（即帮助解决农民生产经营困难、土地流转发包、经营性资产盘活等经济类事务）。由于历史积淀和交往密切，村治事务往往相互交织着复杂的社会关系，因此有效的村庄治理本质上是以"人"的动员促进"事"的解决。实际上，在村庄一线治理的具体场景中，关系、利益、人情、面子等因素往往都是重要且可用的治理资源，它们构成治理机制可调整的基础。换言之，通过"面对面"的群众动员来重构村庄在价值凝聚和利益实现方面的公共性，促成农民的集体行动，不仅可以实现村庄自主秩序的供给，而且有助于国家与市场的资源输入，解决外部资源下乡的精准对接和持续发展的难题。

"聚人、合财、促事"构成乡村振兴背景下的社区逻辑，是乡村组织"社区面向"要着力面对和解决的关键问题，其对于乡村组织建设有不同的价值和要求。市场化、工业化、城镇化对乡村的影响是全面而深刻的。为了适应社会形势和要求的变化，村庄内部的治理结构、组织形式、运行机制也必须发生改变，逐步转向顺应市场经济要求的作用方式。因此，乡村组织振兴获得"社区赋权"就是要面向社区群众的生产生活需求，通过注重多元治理主体、多重治理手段和多样化的产权安排，获得社区群众的认可和"支持性赋权"，并通过具体的市场化运作机制（要素入股、参与管理和分红等）获得发展要素的规模整合和优化配置的基础。

3. 市场赋权——经济维度

市场经济意味着被它卷入其中的社会制度不得不从属于市场机制的要求。市场的逻辑就在于要素的可流动性，降低交易（谈判）成本，增加技术、制度、人力资本等要素投入，提高产品（服务）在市场中的价值。市场经济的发展改变了乡村治理组织的产权基础、服务内容、作用方式，将原有的经济集体分解为要素，以便每一种要素都能置于这个体系中最能发挥其作用的部位。获得市场资源、服务市场好的村级组织，能够在乡村振兴中发挥更大的作用。但是在这一客观进程中，村庄无疑也面临市场的冲击，带来一些消极影响。

（1）产权激励。乡村集体经济"统分结合"双层经营体制的产权安排包含两个层次：①家庭获得土地的承包权，进行分散个体经营；②集体保留所有权。村委会作为集体经济的实际代表，产权形态构成了治权的基础，制约着治权的具体内容和运作方式。所以，构建新的有效的集体产权实现机制，实现个体和集体产权主体之间利益结构的均衡，可以促进和健全统分结合的双层经营体制，充分发挥集体产权的积极作用，构建乡村可以依靠自身力量发展的内生机制。

（2）要素盘活。现代资本主义（在一定意义上也是市场经济的基础共性）有两方面的运作特征：

第一，围绕盈利取向的工业企业及其制度性要素，其中最重要的就是合理的会计核算及与此关联的六项制度要素，即独立经营的私人企业可以任意处理的土地、设备、机器等一切生产手段；市场自由；基于合理的会计技术之上的各种技术理性运用；可预测的法律法则；自由劳动力；经济生活的商业化，即普遍使用商业手段（金融工具）来表明企业所有权和财产所有权的份额。

第二，企业家的资本主义精神，即视追求财富本身为人生的最大价值。乡村本身的资源由于城乡"二元"发展格局的制度性障碍正在解构中以及本身要素组织形式、结构与机制的建设不足而无法顺畅、有效地进入市场，不能通过市场交易变现，也难以通过抵押获得金融资本，"绿水青山"的要素优势难以转化成"金山银山"的价值实现。

激活市场需要为发挥市场机制的作用而进行改革。即以完善集体产权制度和要素市场化配置的改革为重点，实现产权有效激励、要素自由流动。要素盘活，就是让产权流转起来，不能交易的赋权是虚置的，不被认同的赋权及交易是扭曲的，而没有赋权的交易则会是低效率的。从试点成效来看，"村社全要素股份合作"之所以能够"盘活"乡村要素，实现生产要素的内部整合，并对接导入外部市场力量，就是基于土地集体所有制构建的基本产权，基于村社生活共同体的情感价值基础，基于村社组织扎根乡土、低成本的"在地"服务，促进小农户和市场的有机衔接。但是因为市场的发展本身需要一个过程，特别是在农民拥有的主要形式的固定资产——闲置房屋和承包耕地"再利用"的市场化机制运作，以及乡村地区的金融市场建设方面还很不足，市场的弱小很大程度上限制了市场作用的发挥。

（3）效益实现。农民是实施乡村振兴战略的内生性主体力量，通过适当方式组织起来的农民是实施乡村振兴战略的基础。

积极发展农民股份合作、赋予集体资产股份权能改革试点的目标方向，探索赋予农民更多财产权利，明晰产权归属，激活乡村各类生产要素潜能，建立符合市场经济要求的乡村集体经济运营新机制。股份制是一种组织资本的有效形式，有利于资本的整合和运作效率的提升。因此，响应政策倡导，建立股份合作制经济，吸引社会各种资金和资源（量化折股）入股，是壮大村集体经济的重要探索。从横向上来看，我国乡村情况千差万别，集体经济在区域间发展很不平衡，要有针对性地搞好制度设计，开展试点运行。

市场机制对乡村振兴组织创新提出了产权激励、要素盘活和效益实现的具体要求。为有序促进乡村经济市场化运作的稳步开展，需要建构与之相适应的乡村治理运行机制。因此，在市场经济环境下，乡村组织振兴所谓"市场赋权"，就是乡村基层组织建设需要面向市场、通过市场、在市场服务中找到自身的服务和生存空间。以集体产权制度和经营制度的改革为抓手，使集体组织获得经营性赋权，促进乡村振兴政策落地，实现广大农民更多的财产权利。

三、乡村组织振兴的实施路径

（一）加强乡村基层党组织建设

村党支部始终处在村级各类事务的统领地位，是乡村各类组织的核心。另外，村党支部还承担着落实上级方针政策和文件精神，服务"三农"的职责。这都取决于中国共产党的性质和任务。在组织振兴进程中村党支部担负的作用如下：

1. 发挥村党支部的引领作用

充分发挥各个行业党组织、各级党组织政治聚力功能。把广大党员群众、各行业人才有效组织在一起，形成夺取新胜利强大的力量。作为党在农村全部工作和战斗力的基础，乡村基层党组织发挥着示范引领作用。

党领导乡村各项事业取得成绩，其示范带动作用主要表现在以下方面：

（1）政治引领。村党支部将国家的大政方针、惠农政策进行信息传递，准确高效地将党的声音传递到乡村的广袤天地，进而使得党中央的顶层设计得到广大农民的自觉认同，从内部广泛动员，为国家战略的"落地"添砖加瓦、贡献力量。

（2）思想引领。乡村群众思想较为复杂，需要村党支部敢于创新工作方法，深刻领会政策内涵，并以群众语言传递给村民，"占领"大家的思想这一高地。

（3）产业引领。当前各地农业产业化水平总体不高，尚处在初级阶段。村党支部应在产业振兴上突破发展，寻求合适本地发展的特色产业，带领村民致富。

（4）以榜样力量引导广大党员在重难点工作中勇当先锋、争当表率，发挥好党员先进示范带头作用，促进党员教育步入新常态。

乡村党支部是统领本村工作的组织核心，村党支部书记是具体的领头人和执行人。要实现基层党组织的振兴，选配是十分关键和重要的。具体方式包括：①对于村"两委"现有干部进行历练培养考核，建立完整的晋升渠道，吸纳进干部队伍中。同时新乡贤、大学生村官、致富能手、退役军人等优秀分子进入村"两委"中，改善村党支部的人员结构。②扩大人才引进的力度，拓宽选人用人渠道，通过上级党组织选派"第一书记"、驻村干部、选调大学生村官来整顿改善乡村基层党组织弱化等问题。对于相对不发达的行政村，建立形成"4+N"的人才支撑队伍，即一名驻村第一书记、一名名誉村主任（聘请一名企业家）、一名大学生、一个科技服务员和 N 个乡贤。提升乡村基层党组织的工作能力，引领组织振兴工作。

2. 突出村党支部的桥梁枢纽作用

作为上级党组织和广大农民群众之间桥梁枢纽的村党支部，发挥着十分重要的"神经末梢"作用。他们和村民百姓间搭起桥梁，他们的"工作效果"将直接决定政策实施的效果和村民满意的程度和幸福指数。

村党支部强大了，也能领导带动其他各类组织良性发展振兴。所以村党支部作用发挥得如何，关键看其建设得怎么样。人的主观能动性将对这些产生决定性影响，是组织发挥作用和良性运转的核心。增加党在乡村的后备力量，增强党员干部的工作能力，对于提升乡村党支部桥梁枢纽作用意义重大。开展乡村工作的核心，是乡村基层党组织的党员干部队伍，是组织振兴进程中的主力军。在发展培养党员，增强党员干部能力方面还需要抓紧抓实。从源头选择政治可靠、思想先进、素质高、能力强、群众基础好的村民，作为发展后备力量重点培养。特别要重视年龄结构和知识结构在组织队伍中的优化升级。培养过程中要注重质量，严把程序关，每一环节都能够标准规范，真正做到吸纳优秀分子进入党组织。

对于已经是党员的同志，村党支部要帮助他们注意不断提升自己，增强党性修养和履职能力，发挥党员群体的示范作用，以巩固组织振兴的人才基础。乡村党员政治素质是首要考察的，是做好其他工作的基础和前提。严格规范开展村党支部的各项学习活动，切实增强大家的思想觉悟，确保思想跟党走，组织能振兴。同时，发展生产，共同致富也尤为重要。

加强业务学习的培训力度，乡村基层党组织应根据本村发展的短板，组织开展有针对性的培训指导。抓好业务能力，稳步推进产业改革，实现本村经济跨越式发展。对于惠农政策解读，生产所需的最新农业技术、电商营销、仓储物流等内容，应定期选送先进的党员群众、致富带头人"走出去"。邀请技术专家、农技人员、专业大户到本村实地开展教学指导。另外，村党支部通过选送优秀的党员干部到不同的工作岗位去锻炼和学习交流，通过实地"取经"锻炼，提升综合能力，带回更多先进经验，为我所用。

3. 增强村党支部的服务协调作用

（1）村党支部要结合自己区位的各项环境和条件，发扬传统优势，广泛听取合理的建议，准确定位，立足自身，挖掘潜力，带领大家走出新路。同时，要将支部、党小组建在产业链上，充分发挥潜力，领航经济建设。

（2）村党支部要不断提升服务村民的本领，常学常新，服务经济建设。做好党建工作的同时，也要统筹做好村里经济的服务，指导产业向上发展。带动其他组织建立、壮大和振兴。

（3）党支部组织的核心还是人。组织里要有一批能干事、会干事的本土人才队伍。这些有着新观念、新技术、新本领的能人，将为村党支部组织力量增添无尽的生机和活力。实施"联乡帮建""村企联建""村村共建"，通过党建互联共建和资源互补共享，实现共同发展。

（二）深化乡村集体经济组织改革

立足实际，发挥优势，多途径、多形式，积极探索集体经济的有效实现形式。建立完善乡村集体经济组织为基础，以消除村级集体经济"空壳村"、扶持薄弱村、壮大富裕村为重点，建立新型乡村集体经济发展的长效机制。

1. 扩大受众程度，争取更大政策扶持

（1）加大政策导向帮扶，实现组织创收增收。政府设立专项资金补足集体经济组织的缺额。村集体经济组织根据资金"赤字"，寻找项目。通过贴息贷款进行弥补。进而实现组织"造血"功能。政府部门减免组织税费负担。对符合标准的组织项目，采取实现企业登记费、证照费、审批费等收费项目减免，落实帮扶政策。

落实税收优惠政策，免征乡村集体经济组织因权利人名称变更登记、资产产权变更登记涉及的契税，免征签订产权转移书据涉及的印花税，免收确权变更中的土地、房屋等不动产登记费等。创新设计适合新型乡村集体经济发展的农业保险新产品。活用、好用、足用上级政策。资金优先使用在集体经济项目，优先立项融合产业化、现代农业项目，优先投资农业乡村基础设施。

（2）建立农资专有金融机构、信用联盟，创新金融服务方式。建立结对帮扶，探索建立村企合作、村校合作，发展经营性、生产性投资。推进农业信息化综合服务平台，完善科技成果库、人才库，打通农信服务的"最后一公里"。发挥其基层农技推广服务效能，把先进适用、易学宜用的农业技术输送到千家万户和田间地头，为现代农业发展提供有力的科技支撑。加快农业科技成果的转化应用推广。发挥科技示范户的典型带动作用，推进农业科技试验示范基地建设，加快实用技术应用推广。

2. 拓宽集体经济组织实现途径

高效率"操盘"，实现集体资源增值、增收。在集体产权制度改革的基础上，通过闲置整理、综合利用创新的形式，由村集体经济组织经营、租赁发包和入股等方式获取的租金和股金收入。

盘活利用办公用房和旧厂房等空闲固定资产，以入股分红等方式多种经营，实现资产的增值和收益。以本土化方法实现土地等各类资源收益的增长。通过各类集体资源吸引投资、合资。鼓励发展合作经营以实现最大效益。依托村里特色产业，在村党支部领导下采用"合作社＋龙头企业＋农户""合作社＋公司＋农户""村集体经济组织＋互联网市场＋农户""流转＋农户""托管＋农户"等创新模式。

为集体经济组织更多的创收做出贡献，因此集体经济组织应该抓住这个机遇，统一产品优质标准，生产加工有机、绿色、地理标志农产品，实现集体经济组织的跨越性突破发展。

3. 建立村集体经济组织发展新模式

（1）通过市场专门化的机构运作，实现监督管理村集体资产。对集体经济组织的资金往来、资产清单、处置平台进行规范管控。明晰其独立的市场经济地位。

（2）通过对财务收支状况、债务情况进行专门的审计。财务管理规范化、制度化、民主化。明细收支状况、厘清债务、债权状况，村务公开。重大事项实行一事一议制度，兴办公共卫生服务事业。

（3）健全民主监督、民主决策、民主管理，确保村民知情权、参与权、监督权等各项权利不受损失。还要健全品牌培育机制，大力引进和合理利用工商资本，培育和发展直接从事农业生产的各类企业，帮助企业树立自己的品牌，引导农业生产格局和农业增值方式发生根本性变革，实现品牌规模化经营，发展特色产业。利用线上线下各平台实现展示和展销，走中高端路线，进行链条式发展。健全完善"市场（社区）＋区域品牌＋企业品牌＋集体经济组织的生产基地＋农户"的品牌培育机制，使得集体经济组织成为稳定的供货商，能够逐步在农业全产业链上站稳脚跟。

（三）充分发挥村民自治组织的作用

1. 提高村民法治意识

做好基层工作就必须将自治、法治和德治结合在一起。通过普法宣教提升村民的法律意识。帮助大家更多地参与村务自治，使依法靠法办事，民主监督、民主决策的理念深入人心。自治参与度提高带来的共建共商，使人人得以参与基层民主。

借助法律顾问提供法务咨询服务，实现采取"以法助村"的方式进行法治与自治的结合，有效提供法律咨询，提高村民法律意识，大家会以法律武器维护个人权利，减少矛盾。

依法治村的大环境，为村民自治组织的村委会，创造了实现治理有效的和谐局面的可能。反过来说，村里秩序井然，各项事业合理有序，也会促进自治组织的良性发展。

2. 发展村产为自治组织蓄力

村委会应当和其他组织一起为本村经济发展营造优良的外部环境。在党支部的带领下，依托自己的优势资源，发展特色产业，壮大集体经济。创设干事创业的平台吸引返乡人才，让那些想干事、能干事，敢干事的乡土能人回村，为村自治组织积极贡献力量，带回自己的眼界、阅历和投资，带动村民发展特色产业，充分挖掘潜力，走出适合自己的发展道路，拓宽集体经济的收入来源。

对于村里的不同派系和宗族力量，应当想方设法增强大家的团结力，成为凝聚剂，将大家黏合在一起。在日常工作中，充分尊重发挥宗族的影响，行使民主权利，提升服务水平，减少矛盾冲突，发挥积极作用。自治组织帮助大伙儿富起来了，组织也才能有振兴的底气和资本。

3. 加强自治组织内力的培养

组织要发挥作用关键看的还是执行者。针对现实中存在的年龄结构、学历层次、组织内干部素质普遍参差不齐等问题，各级政府和社会资源需要为他们提供良好的平台，接受良好的学习教育机会。

坚定初心和信仰、增强责任意识。通过农业专家、致富能手、功勋党支部书记做报告，帮助其自治组织内的干部取他人长，补自己短。通过理论学习、交流研讨，参观研学等形式，增强他们为村民服务的本领，提升技能，增强内力。

开展落后村子致富带头人培训，以及富村带穷村共享成果的结对子帮扶。对正在接受中高等职业教育的家庭中的新成长劳动力予以资金补助，积极鼓励困难人口参加乡村实用技术培训，短期技能培训，实现结业即上岗。通过实用技能，缓解自身的困境，改变整体落后的局面。持续大力推进"巾帼行动"，提高乡村妇女群体就业创业技能、实用技能和致富能力。

4. 创造良好的自治氛围

营造浓重的文化氛围，助自治组织改善村风。在实际生活中，我们往往借助更接地气更本土化的村规民约实现自治要求。这种默契平衡既代表了多数村民的意愿，也服从于国家的法律法规，既尊重了自治的需要也满足了治理的需求。重视村务公开制度，严格按照法规的内容和频率进行主动公开，接受村民监督。最大限度联系村民，使村民在自治过程中以主人姿态广泛参与，缓解干群关系。

（四）重视乡村民间组织的力量

1. 改进观念，重视民间组织治理作用的发挥

助力民间组织的振兴，要让其作用得到显现和发挥。随着区域扩大化发展，村子整合扩大规模，现实管理的难度加大，这就给民间组织的加入创造了可能。农民积极参与民间组织，发挥应有的作用，增强信心实现认同感和归属感，改变大家的认知误区。这样既能提高大家的积极性，也巩固了自治的热情，增强了主人意识。随着自治组织影响的扩大，发挥效应也随之增强。民间组织要发挥它与生俱来的优势。产生于农民之间的民间组织，理所当然应该扎根于乡村，成为基层党组织、集体经济组织、村民自治组织之外的一种强大的助力，互相配合补充发挥合力。

2. 创设配套制度，为民间组织提供支持

民间组织参与村务治理，维护乡村生产生活秩序的行为合理合法性。明确法人地位，解除现有限制，提供相应的扶持。

制度是发展壮大的基础，制度环境的存在将为民间组织的"建功"扫清障碍。除了制度还有必要的经济上的支持。外部捐赠、财政拨款、会员缴费等来源构成组织的主要来源，通过村集体经济反哺、政府购买服务、社会捐助、政策倾斜等措施获取经济上的支持，将极大程度上帮助民间组织解决当前的困境。乡村的民间组织也应该主动补位，根据外部发展的现实需要及时建立新的民间组织，在村子组织振兴进程中发挥作用。

3. 正确引导带动，加强乡村民间组织内建设

民间组织对于一些其他组织不方便处理的事务，发挥着不可或缺的作用。民间组织应当主动移风易俗，倡导文明新风尚。民间组织健全内部管理，树牢自律意识，加强自身建设，对于提高服务水平，形成合力发挥作用有着重要的作用。

民间组织需要让外部及时了解自己人事、财务、工作开展的内部运作情况，接受监督，防止腐败，破除不良风气。民间组织也需要人才的有力支撑。所以重视人才培养、综合素质提升显得尤为重要。重视思想觉悟、履职能力的培训，为个人成长提供外部环境。重视和企业、和专业领域内专家的长效沟通，全面推行民间组织成员的常态学习机制。大力培育民间组织，充分发挥其优势，为其他组织提供必要支持，提供公益和社会化服务。

第五节　乡村人才振兴

人才振兴是乡村振兴的关键所在，无论是产业发展还是乡村建设，农业乡村人才队伍都是支撑乡村振兴的根本基础，是推动乡村发展振兴的一股重要力量。推进乡村人才振兴，

要凝聚乡村发展的"人气"，充分激发乡村现有人才活力，把更多城市人才引向乡村创新创业，全面激发乡村发展的活力与动力。

一、乡村人才的类型划分

乡村人才主要包括乡村实用人才和农业科技人才两大类。

（一）乡村实用人才

乡村实用人才是指具有一定知识和技能，能为农业生产经营，乡村经济建设和乡村科技、教育、文化、卫生等各项事业提供服务的乡村劳动者。主要包括六类（如图2-2）：

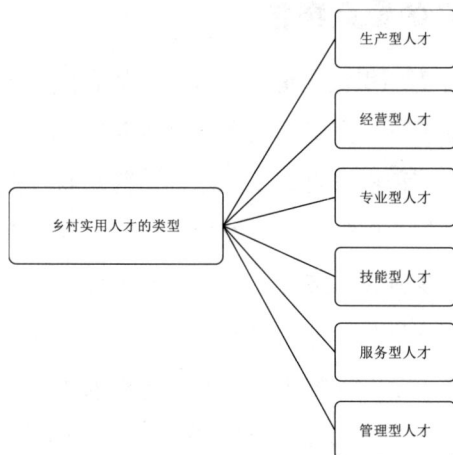

```
                          ┌──────────┐
                          │ 生产型人才 │
                          └──────────┘
                          ┌──────────┐
                          │ 经营型人才 │
                          └──────────┘
        ┌─────────────┐   ┌──────────┐
        │ 乡村实用人才的类型 │─│ 专业型人才 │
        └─────────────┘   └──────────┘
                          ┌──────────┐
                          │ 技能型人才 │
                          └──────────┘
                          ┌──────────┐
                          │ 服务型人才 │
                          └──────────┘
                          ┌──────────┐
                          │ 管理型人才 │
                          └──────────┘
```

图 2-2 乡村实用人才的类型

第一，生产型人才。生产型人才是指在种植、养殖、捕捞、加工等领域有一定示范带动效应、帮助农民增收致富的生产能手，如"土专家""田秀才"和专业大户、家庭农场主等。

第二，经营型人才。经营型人才是指从事农业经营、农民合作组织、乡村经纪等生产经营活动的乡村劳动者，如农民专业合作社负责人、农业生产服务人才、乡村经纪人等。

第三，专业型人才。专业型人才是指乡村教育、乡村医疗等乡村公共服务领域的专业技术人员，如乡村教师、乡村卫生技术人员等。

第四，技能型人才。技能型人才是指具有制造业、加工业、建筑业、服务业等方面特长和技能的带动型实用人才，如铁匠、木匠、泥匠、石匠等手工业者。

第五，服务型人才。服务型人才是指在乡村文化、体育、就业、社会保障等领域提供服务的各类人才，如文化艺术人才，社会工作人员和金融、电商、农机驾驶及维修等技术服务人员等。

第六，管理型人才。管理型人才是指在乡村治理、带领农民致富等方面发挥着关键作用的干部和人员，如村"两委"成员、党组织带头人、驻村干部、大学生村官、乡贤等。

总之，新型职业农民指以农业为职业、具有相应专业技能、收入主要来自农业生产经营并达到相当水平的现代农业从业者。从类别归属看，新型职业农民归属于乡村实用人才，其在内涵上则涵盖了生产型、经营型两类，主要包括专业大户、家庭农场、农民合作社、农业社会化服务组织中的从业者。

（二）农业科技人才

农业科技人才是指受过专门教育和职业培训，掌握农业专业知识和技能，专门从事农业科研、教育、推广服务等专业性工作的人员。主要包括农业科研人才、农机人才、农技人才、农业技术推广人才、乡村技能服务人才等。

二、乡村人才振兴的重点举措

以市场化为导向，实行更加积极、更加开放、更加有效的乡村育才、引才、聚才政策和乡村建设激励机制，合理引导工商资本入乡。以培养造就一支懂农业、爱乡村、爱农民的"三农"工作队伍为重点，积极培育本土人才，完善职业农民培育机制，鼓励和引导外出能人、城市人才返乡入乡创业创新，充分发挥乡村贤人、能人、富人等对乡村振兴建设的示范引领作用，逐渐形成乡村人才济济、蓬勃发展之势。

第一，培养"三农"工作队伍。坚持乡村基层党组织领导核心地位，拓宽乡村选拔吸纳干部人才渠道，深入推进大学生村官工作，通过本土人才回引、院校定向培养等渠道储备村级后备干部。建立完善乡村基层人才吸纳机制，把真正热爱乡村、了解乡村、扎根基层、能力突出、群众满意、示范带动作用强的乡村干部人才留下来，稳定乡村基层人才队伍。

第二，培养"三农"专业人才队伍。以乡村产业振兴为依托，加强涉农院校和学科专业建设，大力培育农业科技人才、农技推广人才和乡村实用人才队伍，分门别类将人才进行纵横连线，构建乡村专业人才网络体系，真正把各类人才凝聚起来，形成"三农"专业人才队伍优势。

第三，完善职业农民培育机制。实行分类递进培训，加强产业和人才需求对接，支持新型职业农民通过弹性学制参加中高等农业职业教育。支持农民专业合作社、专业技术协会、龙头企业等创新培训形式，探索田间课堂、网络教室等培训方式。加大"土专家""田秀才"、农业职业经理人、经纪人、乡村电商人才等乡土人才培养力度，在优惠政策、技术培训、信息服务、项目申报等方面给予倾斜和支持。鼓励开展职业农民职称评定试点。

第四，引导返乡入乡创业创新。整合科研机构、高校、企业人才资源，加强多元主体协同，推动政策、技术、信息、资本、管理等现代生产要素向乡村集聚。实施乡村双创百县千乡万名带头人培育行动方案，推进乡村青年创业致富"领头雁"培养计划，鼓励农民就近就地创业、农民工返乡就业创业，加大各方资源支持本地农民创新创业力度。

第五，鼓励社会人才投身乡村建设。发挥乡村实用人才"传帮带"作用和乡村贤人、能人、富人示范引领作用，提高乡村实用人才服务群众的能力和水平。制定激励机制，以乡情乡愁为纽带，吸引企业家、党政干部等各类社会人才和符合要求的公职人员投身乡村建设。进一步规范融资贷款等扶持政策，引导工商资本积极投入乡村振兴事业。

第三章

乡村治理及其完善路径研究

第一节　乡村治理与相关概念辨析

一、乡村治理的概述

乡村治理就是乡村治理多元主体之间通过一定的关系模式或行为模式，共同推动乡村经济、政治、社会、文化和生态建设的一个动态的过程。"乡村治理是实现乡村振兴的重要途径，是呼应乡村社区社会结构变化的期盼，是保障乡村社区公共服务有效供给的基础，也是构建'乡村社区公共性'的源流本源，应发挥乡村社区多元协同治理的核心作用。"[①]

乡村治理是国家治理在乡村社会的延伸和体现，是追求乡村社会发展的治理行为总和，乡村治理包含着丰富的要素：主体、结构、方式等。从治理主体层面看，乡村治理实践中多元的主体主要包括基层党委、基层政府和基层社会组织以及村民等；从结构功能层面看，可以把乡村治理看作具备相应功能的一种治理结构，它主要是乡村治理过程中各行为主体和社会要素的关系和相互作用的总和，是一种规范各行为主体行为的模式或制度；从治理方式层面看，乡村治理是法治、德治、自治等多种方式的综合运用。从整体上讲，乡村的有效治理是治理主体、治理结构和治理方式的科学组合，即如果把乡村治理看作一个开放的系统，它则是一个由各主体、制度和机制组成的一个有机的系统，与外部环境之间进行着各种物质交换、能量交换和信息交换。

（一）乡村治理的内涵

"乡村治理"是治理理论在乡村管理工作中的广泛应用，它涉及乡村治理的主体、权力结构、目标、方式等不同维度，再加上乡村治理本身涉及不同学科领域、不同地理区域，这就使得乡村治理的内涵也变得愈加丰富。乡村治理理论的内涵主要包括乡村治理主体的多元化、治理权力配置方式的多元化、治理目的的公共利益最大化及治理过程的自主化四个方面：

第一，治理主体多元化。治理主体多元化是治理理论的首要内容。治理理论特别强调

---

① 何继新，王笑语. 新时代乡村振兴战略背景下乡村治理内涵转换、维度指向与质量标准［J］. 改革与战略，2020，36（09）：92.

治理主体的多元化，除政府外，治理主体还包括其他民间组织和公民个人。在乡村治理中，乡村治理资源的多元性导致了乡村治理主体多元性的存在。乡村治理主体不仅仅是正式的权力机构——政府，还包括乡村内部各种得到村民认可的权威组织机构。

第二，权力配置多元化。在传统的乡村管理理念中，人们习惯性地认为只有政府掌握着管理公共事务的权力，公共权力的运用呈现出"自上而下"的单向性运行，但是治理理论却打破了这一定向思维，提出了权力依赖与权力的多元化配置。当前，乡村治理权力配置开始由传统的"自上而下型"向"自上而下与自下而上统筹结合型"过渡，广大乡村居民能够积极参与到乡村治理进程中，群众呼声与群众意见越来越重要。

第三，以公共利益为目标导向。乡村治理的目标非常明确，就是实现对乡村公共事务的管理，实现乡村社会公共利益的最大化，即乡村治理以实现公共利益的最大化为目标导向。乡村公共利益是政府与乡村民间组织、私人机构，甚至是村民个人合作的前提。治理理论打破了政府活动代表公益、私人和其他社会组织代表私益的狭隘观念，而是提倡两者的目标有机统一，二者能够进行有效合作，从而能够追求乡村公共利益最大化。

第四，治理过程自主化。乡村治理是一个极其复杂而又不确定的过程，其所涉及的一切事务都围绕着互相联系日益紧密的乡村居民经济发展与物质文明、精神文化需求展开。满足乡村居民日益增长的上述需求，既需要国家从宏观上制定与实施加快乡村发展与乡村治理的战略，更需要乡村居民以乡村自治自建为基础，将传统"输血"变革为"造血"，实现乡村跨越式发展。因此，乡村治理理论要求广大乡村地区在宏观上要积极利用国家支持乡村发展的重大政策优势，在微观上更应该倡导实行村民自治。

（二）乡村治理的实质

我国是一个拥有悠久农业文明的国家，"乡村治理"作为国家治理现代化的重要组成部分，其含义随着时代的发展而被赋予了新的意义，但总体来看，乡村治理的实质都包含了以下几个相同点：①治理主体的多元化是保证乡村治理顺利进行的首要条件；②治理主体科学有效地选择和变换治理方式对于解决乡村社会的各种纠纷、逐步构建完善的基层社会服务体系以及解放和发展乡村生产力都具有深远的影响；③乡村治理的最终落脚点是"以人为本"，即维护农民的根本利益，提高其经济水平，增强其文化素养。从这个层面上看，乡村治理的实质就是治理主体在不同时期内对治理客体施行有效的治理方式，实现预期治理效果的行为。

（三）乡村治理的内容

乡村治理主要包括乡村政治、乡村经济、乡村文化、乡村社会公正公平等互相联系的四个方面。其中，乡村政治的稳定是乡村治理的政治基础，是乡村治理的基本目标；乡村经济发展是乡村治理的经济基础，也是乡村治理的首要目标，国家的政策扶持和经济援助是乡村经济发展和乡村治理的重要前提；乡村文化的繁荣和乡村社会公正公平是乡村治理的重要目标和基本条件。

（四）乡村治理的重点

第一，构建"三治结合"的乡村治理体系，即积极发挥自治、法治和德治在乡村治理中的各自作用。强调坚持自治为基、法治为本、德治为先，推动乡村社会治理和服务重心向基层下移，以自治消化矛盾，以法治定分止争，以德治春风化雨。其中，乡村自治指在满足人民群众对关涉乡村重大事项的参与权的基础上，突出强化基层民主，真正实现基层群众当家做主，实现民主选举、民主决策、民主管理和民主监督；乡村法治则通过构建法制化的乡村社会治理机制，满足人民群众合法权益保障方面的正当要求；乡村德治则是突出强化传统文化在乡村社会治理中的积极作用，充分尊重基层群众的主体地位，满足群众在精神心理等方面的现实需求。因此，"三治结合"乡村治理体系建设有利于满足人民群众对美好生活的向往。

第二，推进法治与德治的共生，实现治理模式的创新。推进乡村法治建设，深入开展"法律进乡村"宣传教育活动，大力推进乡村法治文化建设，提高乡村居民法治素养，引导广大乡村干部群众尊法、学法、守法、用法。提升乡村德治水平，深入挖掘乡村熟人社会蕴含的道德规范，通过完善村规民约、居民公约等，培育规则意识、契约精神、诚信观念，引导农民向上向善、孝老爱亲、重义守信、勤俭持家。

第三，吸引精英力量，建构多元治理主体新格局。要调整乡村人才引进政策，拓宽职业发展空间，完善乡村人才晋升考核机制，还应当给予回乡就业特别是回乡创业的政策扶持。结合乡村振兴国家重大战略推进的历史机遇，适当放宽人才引进政策，支持大学生村官留村、留镇发展，并积极引进、打造一批乡村振兴与乡村治理人才队伍。

二、乡村规划、乡村发展与乡村治理的联系

（一）乡村规划

乡村规划一般是指城乡规划法中的村庄规划。代表性的解读主要包括：

第一，乡村规划是为了实现一定时期内乡村发展目标，依照法律规定，运用适宜的经济技术，合理地进行乡村经济与空间布局规划、土地利用和各项建设的部署与具体安排。

第二，乡村规划是在全面把握社会发展的基础上，根据目标乡村的社会经济、产业科技、文化教育等现状条件和未来可持续发展所做出的总体安排。

第三，乡村规划是对城以外的乡（集镇）与乡村的自然资源、经济基础、产业结构做出评析，依据乡村区位角色、社区关系、产业经济发展方向设定目标并做出工程技术性的建设规划。

第四，乡村规划是以促进乡村经济发展为根本目标，把保护乡村环境和实现资源永续利用作为长期目标进行的规划布局。

总之，乡村规划是指导乡村建设与发展的基本依据，其综合目标是促进乡村的全面发展。从内容上看，乡村规划一般包括乡村空间规划、乡村产业发展规划、乡村居民点规划、乡村用地布局规划、乡村景观规划、乡村基础设施与公共服务设施规划等内容。

（二）乡村发展

乡村发展是指乡村由落后状态向发达状态的进步、转化过程，可视为特定乡村地域系统内农业生产发展、经济稳定增长、社会和谐进步、环境不断改善、文化持续传承的良性演进过程。

发达国家将乡村发展的研究重点放在乡村社会变化的原因和结果上，并探究其在同地理尺度上运行的过程。比较之下，发展中国家则将乡村发展研究的重点放在乡村经济和社会方面，如农业发展、乡村工业化和城镇化、乡村服务中心的空间组织、乡村人口和聚落系统、乡村社会发展和能源开发等，并在此基础上划分乡村发展类型，提出乡村区域发展的政策建议，为制定乡村社会和经济综合发展规划提供科学依据。在理论研究层面较侧重对乡村转型发展及乡村发展的类型、模式进行研究，研究内容广泛涉及经济、社会、人口等多个方面，着重从乡村产业结构、人口结构、生活方式、建筑风貌和空间布局等角度出发，探讨乡村发展的时序演变、发展类型及对策建议等。

新时期，我国乡村发展面临三个方面的转变：①乡村发展由传统到现代化的转变，包括土地利用方式、产业发展模式、就业方式、消费结构等的转变；②乡村发展观念由以城市为重心，到乡村与城市等值发展转变，体现为乡村城市化与乡村内涵式提升并重；③乡村规划由城市规划中的被忽视，到城乡规划中的地位提升的转变。

（三）乡村规划、发展与治理的作用

1. 乡村发展是实现乡村规划目标与乡村有效治理的重要支撑

乡村发展是一个全面的发展体系，既包括传统的经济与产业发展，又包括当前普遍注重的人才兴旺、组织振兴、生态宜居等。

（1）乡村规划目标体系的实现需要乡村发展作为强力支撑。乡村规划目标体系，既包括近期、中期与远期目标，又包括经济、社会、环境等具体目标。无论是近、中、远等阶段目标的实现，还是经济、社会、环境等各具体目标的实现，均要以乡村全面发展为前提，即需要以乡村发展作为强力支撑。

（2）乡村有效治理目标的实现需要乡村发展作为坚实保障。乡村有效治理的重要标志是实现法治、德治、自治的有机结合。而乡村法治、德治以及自治水平的提高，也均要以乡村发展为前提。离开乡村发展，乡村法治难以实施，乡村德治难以为继，乡村自治更是无从谈起。

2. 乡村规划是推动乡村全面发展与乡村有效治理的重要手段

我国城乡规划体系发生重要变革，乡村规划的地位和重要性得以显著提升。特别是乡村振兴战略的推进，将进一步推动乡村规划在乡村发展与乡村治理中的重要功能。

（1）乡村规划是指引乡村发展的顶层构架。乡村规划明确了未来一定时期乡村的发展方向，提出了乡村发展目标体系，并就乡村空间结构、产业组织、土地利用等重点内容进行了规划和安排部署，是指引乡村发展的顶层构架。

（2）乡村规划是推动乡村治理的重要工具。乡村治理的大方向是乡政村治，扩大村民的自主权。村民自治是提升幸福感的必要条件，是村民谋取共同利益的基础，对乡村资产保护和实现社会稳定具有重要意义，乡村规划自然会成为实现村民自治的重要手段。目前，尊重村民意愿的做法很多，其中之一是尝试让村民自己编制规划，由规划专业人员提供技术支持，以确保政策和法规底线，让村民参与编制规划最接近"尊重"的本意，而不仅仅是按手印和投票。

3. 乡村治理是支撑乡村规划与乡村发展的重要保障

（1）科学、高效、有序的乡村治理是支撑乡村规划实施的重要保障。从乡村规划的编制，乡村规划的实施，到乡村规划目标的实现，无一不需要乡村居民的支持与全面积极参与，更离不开科学、高效、有序的乡村治理。一定程度上讲，乡村治理水平越高的乡村，乡村规划编制遇到的阻力越小，乡村规划实施越顺利，乡村规划目标越容易实现。

（2）法治、德治、自治的乡村治理是支撑乡村全面发展的重要保障。法治、德治、自治水平高的乡村，乡村投资环境与人文环境较好，乡村居民素质较高，容易吸引外商投资和外出务工成功人士回乡创业，从而进一步推动乡村全面发展。

第二节　乡村治理的构成要素

乡村治理是推进国家治理体系建设和实现治理能力现代化的重要组成部分。乡村治理的构成要素如下：

一、乡村治理的主体

对乡村治理主导力量的研究分为两个层面：①正式组织之间，具体表现为上下级之间（乡镇一级和村一级）和同级之间（村委会和村党支部）；②正式组织与非正式组织之间，具体表现为村"两委"与其他非正式组织之间。中华人民共和国成立以后，政府对乡村社会进行了制度整合和民主建设，实现"政权下乡"，如具体通过党组织建设将传统的乡村社会改造成为一个由现代政党领导和组织的政治社会，这一时期乡村治理的主导力量主要是以外生力量（正式组织）为主，即乡镇政府和村"两委"。

在基层党组织的建设研究领域，在多元共治模式下，须明确乡村基层党组织领导核心地位，通过转变自身的选择方式、工作方式、监督方式，强化乡村基层组织体系来增强国家的常规性权力。

在基层政治组织功能发展和转型方面，乡村基层党组织不仅要引领治理结构的发展模式和发展方向，同时必须适应和满足乡村治理形势和治理结构不断发展变化的需要，强化服务功能。

在乡村治理现代化研究方面，乡村治理现代化包含治理能力的现代化和治理体系的现代化，提出发展壮大乡村经济，大力推动乡村基层治理能力现代化，改进乡镇政府治理机制，积极发挥乡村社区各类组织在乡村基层治理中的协同作用，建立农民利益的政治表达机制，借助现代网络化技术手段提升治理能力，从而推进基层组织乡村治理模式的优化。

二、乡村治理的对象

现在乡村治理的主要任务，即完善村党组织领导乡村治理的体制机制，发挥党员在乡村治理中的先锋模范作用，规范村级组织工作事务，增强村民自治组织能力，丰富村民议事协商形式，全面实施村级事务阳光工程，实施乡风文明培育行动，发挥道德模范引领作用，健全乡村矛盾纠纷调处化解机制，加大基层小微权力腐败惩治力度，加强乡村法律服务供给，支持多方主体参与乡村治理，提升乡镇和村的为农服务能力。

三、乡村治理的目标

现在乡村治理的总体目标，是形成现代乡村治理的制度框架和政策体系，乡村基层党组织更好发挥战斗堡垒作用，以党组织为领导的乡村基层组织建设明显增强，村民自治实践进一步深化，村级议事协商制度进一步健全，乡村治理体系进一步完善。预计到2035年，乡村公共服务、公共管理、公共安全保障水平显著提高，党组织领导的自治、法治、德治相结合的乡村治理体系更加完善，乡村社会治理有效、充满活力、和谐有序，乡村治理体系和治理能力基本实现现代化。

四、乡村治理的机制

随着法治建设日益完善，"德治"体系的主导作用逐渐淡化，并逐渐演化为法治体系的有效补充。新时期，乡村治理机制需要"法治"与"德治"相配合，既需要制度化的村规民约，也需要有非制度化的村民议事程序。

在乡村治理中，村民会议、村党支部、村委会等自治组织依据政治制度、法律政策等履行职责，属于正式制度范畴内的社会管理机制；村民通过自我组织参与公共事务治理等，则属于非制度性的社会治理机制，是正式制度的有效补充。从集体行动事件的发生机制看，既有基层群众自治制度等正式制度的法治保障，也有熟人社会逻辑等非正式制度的影子。从行为主体看，这些集体行动事件的行动主体，既有基层党组织和村民委员会等自治组织，也有以民间互助为特征的非正式组织。制度因素是影响乡村治理实践的重要因素，也是理顺乡村治理逻辑的主要线索。

第三节 国内外乡村治理模式与经验

一、国内乡村治理模式与经验

（一）国内乡村治理模式的演变

1. 我国古代的乡里制度

"乡村作为政权的最基层单位，历朝历代对此都十分重视。"[1] 我国古代的乡，作为基层组织，其职能主要是劝导乡里、掌民教化、改善民风、维护统治秩序。

从长官任命及职能可以看出，古代的乡不是国家官僚体制中的一部分，而是国家管理社会的一种类似于行政组织的社会组织，即所谓"皇权止于县政"，县为最基层的政权组织，县以下实行自治。

传统乡村社会的自治，是以家族制为基础的士绅自治。以皇权为中心的国家权力对乡村社会而言更多是实施一种间接的统治方式。

在乡村社会内部，乡村政治的中心是非正式的地方权威，如乡绅、族长和地方名流，他们也不具有官员的身份，这些权力者并非国家直接任命，而是在乡村社会内部生长出来的，这些族长、乡绅把行政权、自治权、家族权融为一体，带有很强的家族自治性质，往往不需要依靠王朝行政机构的命令就能自行整合乡村社区。

2. 近代乡里制度的变迁

近代以来，国家权力逐步向乡村社会渗透，乡村治理中行政化倾向逐渐压倒了自治化倾向，国家曾试图通过一系列机构设置和委托，变地方权威为国家的基层政权分支机构，使地方权威服务于国家目标的组织机构，并进入国家官制的控制范围。

20 世纪初的清王朝进行了一场乡村改革，试图将国家的行政权力向下延伸，以重新

---

① 丛松刚 . 乡村治理模式初探 [D]. 济南：山东大学，2013.

整合日益涣散的乡村社会。1909 年，清政府颁布《城镇乡地方自治章程》。该法是西方政治制度和中国封建制度的直接综合体，其目的是强化皇权，开启了以官方名义接受和引入现代政治制度和理念。当时政府受其影响继承了这一理念，先后颁布了多条条例。

3. 中华人民共和国成立初期的乡村组织制度

1949 年中华人民共和国成立，国家开始了对乡村社会大规模的改造。农业集体化改造和人民公社化运动彻底打破了乡村社会固有的结构和乡村社会的传统，在此基础上重新构建了一种崭新的社会控制和治理模式，这就是以生产队—生产大队—公社为基础的"人民公社"制度。

强制性的公共生活和集体生产方式取代了农民的传统生活方式，乡村社会和农民的生存方式被彻底改变。传统的血缘和地缘关系及家族组织大大弱化，多数乡村宗教组织也停止了活动，从而从根本上改变了传统乡村社会的组织机制和组织状态。

4. 20 世纪 80 年代后的乡村治理

自 20 世纪 80 年代以来，对乡村治理影响最大的莫过于村民自治这一伟大创举。村民自治，作为一种有中国特色的基层民主形式，是在乡村经济体制改革深入发展中产生和形成的，也是我国政治体制改革和民主政治建设的重要成果之一。

村民自治的逐步展开，极大地释放了乡村生产力，并推动了"乡政村治"的乡村治理格局逐步形成。"乡政村治"是指"在乡镇建立基层政权，对本乡镇事务行使国家行政管理职能，但不直接具体管理基层社会事务；乡以下的村建立村民自治组织——村民委员会，对本村事务行使自治权"。

5. 税费改革以来的乡村治理

国家实行税费改革，乡村税费改革推动了新时期乡村关系的转型，乡村关系发展进入了新的历史时期。

在乡村税费改革之前，国家对乡村社会的整合，主要是通过征收税收的方式进行，而在乡村税费改革之后，国家对乡村社会的整合，主要是通过提供公共服务的方式进行。即国家的整合由"汲取式整合"向"供给式整合"转变。

（二）国内乡村治理模式的实践

1. 上海远郊区乡村治理模式

中华人民共和国成立后，上海经历了多次行政区划的调整。从初期的 14 个市辖区和 11 个县，至 2016 年崇明县的撤县并区，上海的行政区划发生了巨大的变化，最终形成了下辖 16 个市辖区的新局面。上海远郊区不同于行政区划的划分，但受到行政区划的影响，与其具有紧密的联系。此外，上海近远郊区的划分标准并不唯一，更是随着社会经济的快速发展，市区和郊区之间也发生了相应的转化。

（1）上海乡村治理的重点。虽然上海的乡村治理已经走向多元共治的阶段，乡村职能转变为乡村带来了多样化的发展，但面对快速的城镇化进程，上海的乡村仍面临着诸多紧迫且严峻的现实困境，具有一定的超前性和典型性，而这些困境的打破便是上海市乡村治理的重点所在。

第一，远郊区成为上海市乡村治理的重点区域。上海市城镇化进程一直以来都处于全国的前列，近郊区，土地非农化速度加快，城镇化水平也在不断提升，而远郊区的土地则保留着大量的农田。无论是空间上，还是数量上，甚至从乡村性质以及经济发展上，远郊区的乡村发展已经成为上海市乡村发展的弱点和难点区域，更是乡村治理的重点区域。

第二，乡村土地利用粗放化，农民集中居住仍须推进。通过农民集中居住，不仅可以提高土地的集约利用，更有利于对乡村社区化、网格化、智能化治理的探索。

第三，上海人口过快老龄化，乡村养老服务水平亟待提升。目前，上海市的乡村养老模式仍以家庭养老为主，养老院、敬老院、福利院等大多设在镇域内，床位供给难以满足镇域内乡村老年人口的需求，乡村养老服务设施建设相较于城市仍处于起步探索阶段。之后乡村养老方面，提出纯农地区要以村为单位，建立老年活动室、卫生室和日间照料中心等，大力提升村级的乡村养老服务水平。

第四，乡村宅基资源闲置化，盘活闲置资源。宅基地的闲置与经济发展和城镇化水平关系紧密。随着上海市越来越多的乡村人口涌向城市，留在乡村的宅基房呈现出季节闲置的特征。鼓励有实力的社会资本对乡村闲置资源进行整体开发，一方面提升宅基地的再利用度，另一方面也可以提高村民的收入。可见，盘活乡村闲置资源已成为上海乡村治理的重要内容，更是成为激发乡村内生动力的重要途径。

（2）上海远郊区的乡村治理模式。基于庄行镇三个典型乡村治理案例的分析，发现上海市乡村治理的重点区域远郊区，在破解集中居住、乡村养老和资源盘活三大乡村治理重点问题上，呈现出多元主体参与的治理模式。然而，不难看出，面对不同的治理问题，多元主体的参与以及力量强弱有所差异，最终形成了"多元共生型""权力主导型""权资协作型"三种治理模式。

第一，多元共生型：新叶村宅基地归并。村民分散居住阻碍了村集体治理效能的提高，破旧的居住条件无法解决村民对美好生活的渴望，土地的细碎更是阻碍了上海远郊区都市农业生产水平的提升，因此，进行宅基地归并是乡村发展的现实所需。在建设过程中，政府、村委会、村民和第三方四大主体均参与其中，构成多元共生型治理模式，推动新叶村宅基地归并项目的成功。

第二，权力主导型：浦秀村"青春里"养老社区建设与运营。"青春里"养老社区建设是上海市远郊区破解乡村养老问题的创新性尝试，更是成为远郊区乡村治理的品牌，浦秀村作为其中的案例之一，在建设和运营过程中受到了多方主体的参与，但各级政府对养老特色模式的政策支持与推动是养老社区建设的关键，进而促进了"权力主导型"治理模式的形成。

浦秀村"青春里"养老社区是奉贤区乡村养老的试点项目，因此在建设中受到了区政府和镇政府的高度重视，在建设前期，政府和资助企业为养老社区建设提供了全部的资金，改造过程中，为了更好地满足村民的需求，在政府指导、村委会引导下，村民们表达了对养老社区建设的功能需求，为设计单位在养老社区的功能设计上提供了参考基础。在浦秀村"青春里"养老社区的建设过程中，政府自上而下的权力主导作用较强，从政策推动、资金支持以及后期运营标准等维度规制着养老社区的建设，原本村委会和村民都应是项目的受益者。

第三，权资协作型：存古村"人才公寓"建设。随着宅基地"三权分置"制度的推出，盘活乡村闲置宅基有了新的发展思路，存古村"人才公寓"建设就是对宅基地"三权分置"制度的尝试，在治理过程中，政府、村委会、村民和第三方的共同参与推动了闲置资源的有效利用，但政府、村委会和第三方的互动协作最为明显，形成了"权资协作型"的治理模式。

存古村"人才公寓"建设是企业需求、村庄发展现状与政策的吻合，在建设之初，由镇政府作为村委会与企业的沟通桥梁，一方面吸引并集中企业的入驻意向，另一方面带动村委会的积极性，而村委会又是企业与村民的沟通枢纽，进行村民与企业利益的协商，村委会通过对村民进行引导，协商将闲置宅基流转到村集体，并将其打造成风格统一的江南别墅群，村民从中获取宅基流转费，村委会打造完成后，将其租赁给企业进行居住、办公、休闲、娱乐，同时从中收取物业费以及租金或税金。建设中，镇政府负责内部装修，村委会负责外部提升，企业提出改造意见，最终由设计单位和建造单位实施，建设完成后，村委会充当物业角色，负责"人才公寓"的日常维护，10家企业则入驻，进行办公、娱乐和居住等。

在整个过程中，相关政策为"人才公寓"的改造提供了基础保障，随后政府参与到前期和中期的建设中，前期负责政策、资金以及企业入驻意向的集中，中期则推动内部的装修，村民的参与更是集中在前期，决定着宅基房的流转，流转后则较少参与到"人才公寓"的治理中去，村委会和企业则负责"人才公寓"长期的运转，村委会负责日常的服务，企业负责入驻并缴纳费用，"权资协作型"乡村治理模式看似实现了多主体的共赢，但仅仅是物质层面的共赢，且更多是村委会和第三方的利益提升，参与"人才公寓"项目的村民由于离开村集体生活而缺乏后期乡村治理的过程；未参与"人才公寓"建设的村民因与入驻企业长期缺乏互动，最终引起存古村社会空间的割裂；同时"人才公寓"与其他村民居住环境的差异也带来了存古村物理空间的差异。

2. 江西省铅山县乡村治理模式

铅山县隶属江西省上饶市，地处武夷山脉北麓，东连广信区，西接弋阳县、贵溪市，北靠横峰县，南临福建省武夷山市、光泽县。全县山多地少，可以说是"七山半水分半田、一分道路和庄园"。全县总面积2178平方千米，江西省铅山县是中部欠发达县，作为全国首批乡村治理工作试点示范单位，在乡村治理体系和治理能力现代化建设中抢抓机遇、先行先试、积极探索，取得了较好成效，具有一定的典型性。对铅山县乡村治理工作进行调查研究，有助于我们对基层在乡村治理现代化中的现状以及问题有更加清晰和直观的认识。

（1）铅山县乡村治理试点示范的探索如下：

第一，推进"民主治村"，培育村务管理新模式。按照"有人员、有场所、有经费、有制度"的标准，在全县各村建立"村民议事会"，将乡村"五老"、大学毕业生、致富能手等选为议事成员，并且围绕村民关注的村务公开、资金管理、乡村建设、公益事业等方面修订村规民约，对涉及群众切身利益的重大事项，严格按照"村支部会议提、村'两委'会议商、党员大会审、村民代表会议或村民大会定"的程序进行集体研究，做到民事民提、民事民议、民事民决，达到村民自治、民主协商的目标，努力让乡村各项工作符合群众意愿、顺应群众期待。

第二，推进"乡风润村"，倡导乡村文明新风尚。坚持以社会主义核心价值观为引领，在全县建成文明实践站，大力推进移风易俗工作、弘扬家规家训、开展志愿服务，着力破除陈规陋习，树立文明乡风，让文明浸润乡土、文化滋养乡村。

第三，推进"产业兴村"，激发村级发展新动能。有钱才能办事，发展壮大乡村产业、集体经济是推动乡村发展和社会治理的重要基础。铅山按照"村村有基本项目、乡乡有特色项目"的思路，因地制宜发展村级集体经济，推动全县所有行政村的集体经营性收入都超过了10万元。有的村庄实行资源整合，将乡村闲散土地、山林水面等资源连片开发，以集中流转再入股合作的方式，发展河红茶、红芽芋等特色农业产业，村委会以收取管理服务费方式，增加集体收入。有的城中村、城郊村将原有的闲置资产和集体土地进行统一运营，或出资建设或购买店面、厂房、房产，通过租赁的方式获取稳定受益。有的村庄利用自身优势，探索乡村集体建设土地入股旅游项目，投资发展餐饮、民宿等服务行业，拓宽村集体经济增收渠道。有的村积极开办服务公司，为企业、农户提供劳务用工、农资直供等有偿服务，承接道路养护、绿化管护等劳务服务，增加村级集体收入。

第四，推进"法治稳村"，构建乡村治理新格局。坚持把法治作为乡村治理体系建设的重要保障，以网格为单位设立公共法律服务站，全县统筹选配政治素质高、业务能力强的民警（辅警）、党员干部、法律工作者结对帮村，提供法治服务，逐步构建"一村一警一员一顾问"（民警、法治调剂员、法律顾问）的格局，驻村民警每月驻村时间不少于3天，法治调解员每周深入挂点村面对面接访，定期走访重点区域、重点人员，法律顾问每月至少2次进村开展法律服务活动，合力指导推进"平安示范村"创建工作，引导群众依法合理表达利益诉求、维护合法权益，引导基层干部学法、知法、守法、用法、敬法，有力维护和促进了乡村基层和谐稳定大局。

第五，推进"管护美村"，提升村庄环境新形象。把村庄环境作为乡村治理的重要方面，坚持"三分建设、七分管理"，既立足当前抓整治，又着眼长远建机制，推动乡村人居环境不断改善、持续向好。着力抓好村庄环境市场化整治，对全县乡村环境卫生实现统一清扫、统一收集、统一转运、统一处理，推动乡村环境卫生实现了大提升、大改善。注重在环境管护上发动群众参与，实行"五定包干"制度，定管护范围、定管护标准、定管护责任、定管护经费、定考核奖惩措施，推动村庄公共设施常态管理、有效运行，实现乡村"人精神、地干净、物整洁、院绿化、畜规范"。同时，积极探索乡村公益事业村民缴费服务制度，填补卫生保洁、村庄管理资金缺口。

第六，推进"智治强村"，增添乡村发展新活力。铅山县是上饶率先推进基层社区网格化中心建设的试点先行县，积极借助"网联网＋"方式，搭建乡村综合管理服务平台，探索"智慧乡村"建设，使乡村治理水平逐步实现科学化、智能化。在具体工作中，推进网格化服务，按照"网格统一划分、人员统一配备、信息统一采集、资源统一整合、服务统一标准"的要求，推动更多政务服务、公共服务事项走进群众身边，实现服务零距离；推进"雪亮工程"建设，以公共安全视频监控联网应用为重点，按照行政村至少5个、自然村至少2个监控点的要求，把治安防范措施延伸到村组一级，实现全县所有村的治安防控"全覆盖、无死角"；推进数字乡村建设，加快乡村宽带通信网、移动互联网、数字电视网发展步伐，推动城乡信息化融合发展，为农民群众提供"用得上、用得起、用得好"的网络服务。通过这一系列举措，乡村治理信息化、智能化水平大大提升。

第七，推进"监督正村"，展现基层组织新气象。没有监督就容易出现暗箱操作，导致腐败发生。铅山率先开展监察职能向基层延伸工作探索，在全县所有村（社区）设立监察联络员，厘清村级小微权力清单，实现监察全方位、全覆盖，杜绝腐败问题发生。全面推行"村账乡代理"制度，充分发挥村务监督委员会、村民理财小组的民主监督作用，加强村级财务监管监督。在资源资产多、中心工作多、资金往来多的村小组，参照执行"组账村代管"制度。同时，开展离任"审计监督"制度，对村干部任期和离任实行经济责任审计工作，加强村级集体经济审计监管，严查侵害农民利益的"微腐败"，有效延伸监督触角，切实打通监督执纪"最后一米"。

（2）铅山县"1+1+7"乡村治理模式的基本内容。自2019年底开始，铅山县全面铺开乡村治理试点示范工作，在试点工作中始终坚持德治、法治、自治相结合的思路，紧密结合铅山县乡村治理实际，鼓励各乡镇、村居探索实践，形成一定的经验，并在全县铺开。经过实践，各地都取得了良好成效，并形成了不少有益的经验做法。随着试点实践的拓展和经验的积累，铅山县逐步总结提炼出了坚持基层党组织的领导地位不动摇，全面加强基层组织建设，注重发挥人民群众主体作用，建立完善村民民主议事机制的"1+1+7"乡村治理模式，为全国乡村治理探索了"铅山模式"和"铅山经验"。

3. 江苏南通海门区乡村治理的经验

海门区位于江苏省东南部，是南通市的下辖区，长江北岸，东北濒临黄海，南靠长江，全境总面积 1148.71 平方千米。

海门区以全国首批乡村治理试点示范为契机，系统谋划，创新实践，丰富内涵，走出了一条以党的建设为引领，以"四治融合"为路径，以动能转化为特色的乡村治理之路，丰富乡村治理实践内涵，为高质量推进海门乡村振兴，加快实现农业乡村现代化提供了有力支撑。

（1）民主管村，群众自治激活力。在丰富村民自治路径过程中，探索形成村民"1234"工作法。"1"就是融入一个红色基因，全覆盖全区村民小组中党小组；"2"就是建立村民小组议事会、村民自治理事会两项议事机制，引导村民深入参与乡村治理；"3"就是让村民小组长充当矛盾调解的"老娘舅"、平安稳定的"守护员"、乡村群众的"服务员"；"4"就是推行"微组织""微信群""微服务""微文化"四种微治形式。海门区通过推行村民"1234"工作法，解决了农村基层党建队伍不强、村民小组作用弱化、治理能力薄弱等问题，完善了乡村治理结构，为推进乡村治理体系和治理能力现代化夯实基层基础。

（2）依法治村，法治建设强保障。搭建法治载体。加强区镇三级公共法律服务平台建设，在区镇公共法律服务中心设立公正、法援、仲裁等协办点，在所有村居配备法律顾问。深化法治惠民。设立文明实践站（所）等载体，浓化法治宣传。建成全区村级法治文化公园、法治宣传栏等阵地实现全覆盖，让"幸福海门·法伴你我"品牌在全省具有较强影响力。

（3）道德润村，文明实践塑新风。强崇德向善之基，探索道德银行和志愿服务超市建设，常态化开展"最美海门人""文明家庭""最美家庭"寻访活动。建立道德评议会、红白理事会、村民议事会和禁赌禁毒等"四会"组织，遏制陈规陋习，推进移风易俗。谋惠民为民之实，按照"一镇一特色、一村一品牌"的理念，深入开展文明实践全国试点。

（4）智慧治村，资源整合提效能。

第一，一个平台管全域投资：高标准建成区镇两级区域治理现代化指挥中心，逐步实现"一屏观天下、一网管全城"。一张清单管职责。将党的建设、平安稳定、社会保障、城镇管理、应急管理、生态环境等职能全部纳入网格。

第二，一支队伍管服务：将全区乡村社区分成综合网格，按照"1+1+N+X"模式配备乡村网格力量，积极整合劳动保障、公安辅警、城市管理、民政残联等协理员进入网格体系，在疫情防控、全国人口普查等工作中发挥了突出作用。

4. 浙江安吉县乡村治理的主要经验

安吉县位于浙江省西北部，县域面积 1886 平方千米。近年来，安吉县以全国加强乡村治理体系建设工作会议为契机，在全县深化推广乡村治理的安吉经验——"余村经验"，通过有效治理凝聚人心，构建和谐有序的乡村社会生态。

坚持"支部带村"，凝聚乡村社会治理合力。加强党组织对村民委员会、村务监督委员会等基层组织的全面领导，充分发挥基层党组织在乡村治理中的领导作用。创新党组织设置，以"大村带小村、强村带弱村、村企联合"等形式，探索推进镇村区域党建联盟和乡村新社区党建工作。深入贯彻落实"双创双全"组织力提升工程，大力推行党支部"B（标准）+T（特色）+N（若干任务）"内容体系建设，严格落实"三会一课"、主题党日、党员民主评议等党内基本制度，持续深化党建工作规范提升。

（1）坚持"发展强村"，增强乡村社会治理动力。持续发展壮大村级集体经济，坚持"输血"与"造血"相结合，因地制宜，精准推广"飞地强村"发展模式，有效盘活闲置、低效的村级集体存量资源资产，促进村级集体经济健康可持续发展。探索建立农民利益联结机制，鼓励农户以闲置农房、承包经营权等多种方式入股，与村集体、工商资本等合作取得收益。加强对低收入农户的帮扶和救助力度，拓宽低收入农户增收途径。

（2）坚持"民主管村"，激发乡村社会治理活力。强化村级自治，积极引进社会化服务，发挥志愿者协会等社会组织作用，完善乡村社会治理体系。发挥村规民约效能，以法律法规为依据制定修订村规民约，善用舆论和道德力量来强化村规民约执行力，发挥法规、村规、家规在基层乡村治理中的协同作用。在"微网格"基础上探索开展以村民小组（自然村）为自治单元的"微自治"，激活乡村治理的"神经末梢"，拓展村民参与村级公共事务平台。同时，丰富自治形式，完善提升"三重两轮票决制""五议两公开"制度，不断丰富基层民主协商实现形式，推进以民主议事为形式，集科学决策、合力干事和效果评估于一体的基层民主管理方式。鼓励多方参与。积极培育服务性、公益性、互助性乡村社会组织，支持各类社会组织共同参与乡村建设和治理。

（3）坚持"依法治村"，保持乡村社会治理定力。大力实施全国首个民主法治村建设市级地方标准《美丽乡村民主法治建设规范》，按照"有标识、有阵地、有人才、有服务"的"四有"要求，实施亮牌提升、阵地建设、队伍建设、法治服务四大工程。强化公共法律服务供给，全面推动法律服务乡村全覆盖，推广律师站点驻村、法官联村等创新模式，下沉公共法律服务资源，为人民群众提供法律援助"一站式"服务。营造依法办事氛围，坚持开展法制教育，加大宣传普及法律法规力度，建立"法律大讲堂"，开展"法制宣传村村行"专项行动和"以案释法"活动，提升农民群众法制观念和法律素养，推动形成办事依循法律、遇事寻找法律、解决问题使用法律、化解矛盾依靠法律的社会环境。

（4）坚持"道德润村"，提升乡村社会治理内力。加强乡村精神文明建设，深入推进"一七百千万"实践中心体系建设，常态化开展文明实践走亲"最后一公里"系列活动，弘扬崇德向善、尊老爱幼等传统美德，培育淳朴民风。提升乡村思想道德建设，深化"安吉好人"选树等，结合基层道德文化特点，加强区域道德品牌建设，生动开展社会公德、职业道德、家庭美德、个人品德教育，实现治理效能与道德提升相互促进。推动乡村文化建设升级，实施传承发展优秀传统文化行动计划，组建基层文艺团队，以团队带活动，丰富农民业余文化生活，提升农民文化素养。

（5）坚持"平安护村"，消除乡村社会治理阻力。构建立体化治理体系，深化"基层治理四平台"建设，全面提升综治工作、市场监管、综合执法、便民服务等平台的运行效能。大力构建"防控人网＋数据智网＋全科地网＋监控天网"的立体化、信息化、智能化乡村社会治安防控体系，加强基层综治组织建设和队伍建设。完善多元化解纠纷机制，加快推动法院跨域立案系统、检务办事标准指引、公安"一窗受理、集成服务"延伸至乡村，努力做到"小事不出村、大事不出镇、矛盾不上交、纠纷早化解"。

（6）坚持"清廉正村"，规范乡村社会治理权力。规范乡村基层公权力运行，推进村级事务精细化管理，完善落实村级事务清单及流程规范。全面实施村级事务"阳光工程"，深化村级"三务"公开信息平台建设，完善"三务"公开目录，细化公开标准，完善"村财民理乡管"模式，全面实行村级行政事务零招待和村级财务逐笔公开。加大基层"微腐败"惩处力度，加强乡镇纪委（监察办）规范化建设，推动监察职能向乡镇（街道）、村居基层延伸，强化对基层公权力运行情况的监督。同时，深化完善巡镇带村工作，打通全面从严治党"最后一公里"。

二、国外乡村治理模式与经验

（一）英国乡村治理模式

1939 年到 1945 年时期，英国经历了前所未有的粮食危机。这次危机让英国政府认识到农业发展和耕地保护对一个国家安全稳定的重要性。也正是在这一背景下，英国政府开始积极调整经济发展战略。1947 年，英国颁布了相关法律，在很长一段时间内通过"绿化带"等城镇发展政策控制城市蔓延，强化了对农业耕地和粮食生产的保护。

20 世纪 40—50 年代，英国政府成立了调查委员会，并"自上而下"地制订了相应的乡村方案；从 20 世纪 80—90 年代起，英国政府开始注重当地需求，重视村民意见，乡村政策制定开始转向"自下而上"型。

1965 年，英国政府发布了政府白皮书，明确鼓励小型农场的合并和农产品市场的扩大，提高了农民的积极性。紧随其后的是，在 1967 年农业法案中，政府承诺合并过程中的半数开支由英国政府承担，为农场提供一定数量的赠款用于整理土地、提高生产力，同时为土地收购提供额外贷款。在政府的帮助下，英国农民的农场不断发展扩大，政府的农业补贴使得农民的粮食产量稳定增长，达到自给自足并且富余，农民的收入和生活水平稳步提高。

20 世纪 70 年代以后，"逆城市化"现象导致乡村环境及承载力方面临极大压力。政府在加强保护乡村生态环境的同时，注重扶持乡镇企业发展，着力创建有活力的乡村社区。此外，还在乡村小城镇建设公租房、发展基础设施、提供公共服务设施等方面给予较为宽松的自主决策权，赋予了乡村更大的发展空间。

自 90 年代起，包括英国在内的欧洲主流的乡村政策由原先强调不同经济部门的相互协作，转为强调其与乡村经济、社会和环境之间的相互依存，乡村政策向综合性转变。这一转变在英格兰和威尔士推行的乡村验核制度中得到进一步升华，该制度要求政府在制定新政策时必须评价其对乡村环境和需求的可能影响。

综合来看，英国的乡村治理模式提倡的是"自下而上"的政策制定与宽松的自我决策有效结合，这较好地解决了其在工业化进程中所出现的农业乡村问题，为其他国家的乡村治理模式提供了有益借鉴。与此同时，英国在应对乡村发展时制定的一系列乡村发展政策，也为我国乡村治理提供了模式和实践参考。

（二）美国乡村治理模式

美国政府注重以城带乡，利用城市优势资源协助乡村治理，不断缩小城乡之间发展差距，逐步形成一种城乡共融型的乡村治理体制。

第一，建立美国特色的城乡共融型的小城镇乡村治理模式。美国地广人稀，农民数量较少，人均占有土地数量较大，因此实行农民集中管理是符合美国国情的管理方式。由于美国农业产业成熟和农民收入高等因素，小城镇模式成为美国乡村治理的最佳载体。小城镇是美国的最低行政建制，是独具美国特色的乡村承载形式。小城镇的行政机构精简高效，主要分为议事机构和执行机构两部分，充分尊重民意并且实行高度自治。美国乡村放弃代理与委托制度，村民权利平等并且共同参与乡镇重大事务的决策中，村民的共同决策被视为有最大效力和最高公信力。小城镇的优美自然风光、放松的生活节奏以及较高的生活质量吸引大量城市居民"返乡"，由城市向乡村迁移的"人口返流"有力促进城市周边地区的乡村经济发展，显著缩小城乡发展差距，从而形成城乡融合的和谐发展局面。

第二，以农民利益为核心的农户合作组织，在乡村治理过程中为农户发声。加入农户互助组织是完全自愿的，不改变农户财产的所有权和经营权，使得农户在加入合作组织的情况下保障个体权利的独立性。农户互助合作组织能够巧妙地规避小农户的弱势性和分散性，把农民的力量结合起来，集中性地总结和发现问题并且凝结全体农民的智慧来解决问题。农户合作互助组织可以充分发挥农民集中性的力量，增加农户合作组织与政府管理机构的协商和沟通，针对乡村规划建设、法案条令设定等与农户利益密切相关的乡村公共事务进行讨论，有效减少农民与政府沟通的障碍。注重建设代表农民利益的农民合作组织，为传统的乡村治理体系赋予新的活力，增强农民对乡村治理的参与感和责任感。

第三，完善乡村公共设施是建设乡村治理体系的基础条件，也是提高乡村治理水平的重要体现。推行的乡村建设项目主要分为以下几个方面：乡村水循环管理体系（包括水供给、污水排放和污水净化循环等）；乡村电力供给和清洁能源利用体系、农户个人性住宅和乡村社区基本设施、乡村社区宽带网络和资助体系等方面的乡村发展财政资助计划。《纽约乡村法》是美国乡村立法的典型代表，体现了美国乡村以自主立法为主、以中央宪法条令作为补充的成熟立法体系。美国乡村自主立法树立村民高度自治为主的立法理念，通过立法确立乡村的议事制度和行政制度、乡村整体规划布局、公共管理及服务、财政税收预算和惩戒制度等内容，充分体现立法的全面性、公平性和强制性。以"法治"方式设立规则制度，使得村民有法可依，有法必依，按照乡村立法肩负起各自的责任，自主投入乡村治理，形成良好的乡村自治管理模式。

（三）法国乡村治理模式

法国作为经济高度发达的资本主义国家，既是一个工业强国，又是一个农业富国。法国在较短时间内实现了乡村现代化建设，主要得益于法国政府采取了适宜的发展策略，积极有效地推进乡村改革。

法国乡村改革主要包括两方面内容：

第一，发展"一体化农业"。所谓"一体化农业"，就是在生产专业化和协调基础上，由工商业资本家与农场主通过控股或缔结合同等形式，利用现代科学技术和现代企业方式，把农业与同农业相关的工业、商业、运输、信贷等部门结合起来，组成利益共同体。实行"一体化农业"能够将农业和其余相关部门集合起来，通过其他部门和机构提供资金和技术指导带动农业建设，实现对农业的支持和反哺。

第二，开展领土整治，通过国家相关法律法规帮助和支持经济欠发达地区的乡村，实现乡村社会资源的优化配置，以此加快乡村社会的现代化建设。法国在进行农业一体化改革和开展领土整治工作中，政府都非常强调应用财政扶持、技术保障以及教育培训等综合的方式来支持乡村治理建设，助推乡村社会的善治。这些措施最终加快了乡村地区的发展，使得城市和乡村地区的发展速度、经济水平和预期目标趋于平衡。

总之，法国的乡村治理模式是在国家整体规划和科学指导的精神下，通过有效协同的方式，加强了各部门之间的联系，更好地整合了社会中各个部门的优势资源，使其共同致力于推动乡村社会的发展。综合发展型模式非常强调完善的合作机制，以融合和互促的手段建设利益共同体，形成工农共同发展的良性经济循环，从而加快了农业现代化目标的实现。

（四）瑞士乡村治理模式

随着社会化和城市化的发展，瑞士的乡村和农民不断减少，但是瑞士政府依旧将乡村发展作为推动国家前进的重要组成部分，努力实现乡村社会的繁荣。

从瑞士政府对于乡村治理的主要做法上来看，其十分重视自然环境的美化和乡村基础设施的完善。瑞士政府通过制定相关激励政策，对农业发放资金补助，向农民提供商业贷款，帮助其改善乡村环境。通过国家财政拨款和民间自筹资金的方式，政府为乡村建设学校、医院、活动场所以及修建天然气管道、增设乡村交通等基础设施，以此完善乡村公共服务体系，缩小城乡之间的差距。在政府的持续性改造下，乡村呈现出风景优美、生机盎然、环境舒适宜人的景象。现阶段，瑞士乡村与周边的自然环境协调起来，以环境优美著称，有着独具特色的田野风光，因而成了人们休闲娱乐和户外旅行的好去处。

综合来看，瑞士治理模式是以绿色、环保理念为依托，强调将乡村社会的生态价值、文化价值、休闲价值、旅游价值以及经济价值相结合，从而改善乡村生活质量，满足地方发展需求。这种模式在工业发达、城市化水平较高以及乡村治理已经达到领先地位的发达国家比较适用，也是乡村现代化的样板。

（五）韩国乡村治理模式

韩国位于朝鲜半岛南部，是世界上人口密度最大的国家之一。随着城镇化和工业化进程的推进，城乡发展差距逐渐扩大，社会贫富差距拉大，乡村人口也由乡村向城市迁移，乡村人口流失现象严重。为推进城乡协同发展，提高农户收入，改善农民生活质量并提高居住环境质量，1970 年韩国政府推动开展全国性的"新村运动"，以政府出资支持和提供政策支持与引导农户自主发展相结合，并从以下几方面开展政策实践：

第一，政府为修建乡村基础设施提供资金，以改变乡村基础设施匮乏落后的现状。①针对农户居住房屋的修缮，从根本上提高农户的生活环境质量，增加农户的信心和认同感；②针对交通道路的修建，例如公路、桥梁、河道等基础交通设施，增强乡村与城市联系，便于人员的流动和农产品的运输；③修建公共供水排水系统以及电网等生活基本建设设施，改善乡村整体卫生条件，提高乡村对水资源的循环利用效率，满足农户的基本生活需求。

第二，韩国政府调动广大农民脱贫致富的积极性，注重改造国民精神，引导农民树立"勤勉、自助、协同、奉献"的正确价值理念。韩国新村运动的发生具有深刻的时代背景，即乡村发展远落后于城市，农民的生活环境和生活质量偏低。韩国政府准确地把握农民脱贫致富的意愿，较好地激发韩国国民精神，将新村运动与塑造农民价值观念结合开展，使二者起到相互促进的作用。

第三，注重政府的支持与农民的集体性自主决策相结合，充分发挥农民的自主能动性。韩国政府鼓励农民发扬创造精神和探索精神，利用自身力量去改变所处现状。在韩国，村社的最高决策机构是村民大会，农民会为乡村发展提出建议并贡献自己的力量，充分调动集体的智慧，根据现实情况做出较好的决策。此外，韩国政府也注重发展乡村农业教育，注重培育职业型农民和农业技术人才，为韩国乡村的进一步发展提供坚实的乡村人力资源支持。

第四，"新村运动"后期阶段，韩国政府发起了全国范围的"一社一村"运动。充分动员社会力量和企业资本力量，让一家公司或者企业与一个村社建立"一对一"的扶持协助关系。

此外，韩国政府制定一系列优惠政策，如废除耕地购买上限、设立农庄法人、扶持乡村第三产业、大力发展观光度假旅游等措施。公司和企业可以为乡村带来先进的管理经验、高素质人才等优质社会资源，对原有的乡村治理体制造成冲击，较大程度地改变乡村原有面貌，为乡村治理补充新的人力资源。

（六）巴西乡村治理模式

巴西为了稳定乡村秩序，保障农民的合法权益，巴西政府在促进农民脱贫减贫方面主要做了如下工作：

第一，巴西政府施行土地改革计划以调整乡村生产关系，缓解乡村矛盾。由于历史遗留问题的影响，巴西的农业土地资源分配不平衡，为缓解国内社会矛盾，减弱人地关系的紧张程度，调解乡村不平等的生产关系，巴西政府开展实施"土地改革计划"。该计划主要分为两方面：一方面，巴西政府把国内农业产业向尚未进行农业开发的中西部地区逐步转移，同时鼓励大部分贫困农户向中西部地区迁移，为这些农户提供免费的农业土地进行农业生产；另一方面，巴西政府筹备专项资金成立"土地银行"，向贫困农户提供信用贷款用来购买农业用地，促进农地市场的流转程度，此外加大乡村地区的基础设施建设力度。

第二，巴西建立健全相关的乡村公共服务保障体系，以维护农民的基本权益。农业生产和乡村社会福利保障体系在一定程度上缓解了巴西社会矛盾、缩小了贫富收入差距，有效增加农户收益并且保障农户的权益。农业生产方面，由"全国乡村信贷系统"为农户提供优惠信贷资金用以支持农产建设、农产品生产等环节；推行"联邦政府购买方案"是通过转移支付的方式以保证食品安全并且增加农户的直接收入；实行"家庭农业支持计划"，通过投资乡村基础设施建设、提供低息贷款、指导农户的农业技术培训来稳定农业生产、提高农户收入和保障农户的生计安全等。社会福利方面，进一步推广"医疗保险制度"确保城乡居民具备相同的受益水平，农民可以基本享受免费医疗；"乡村养老保障制度"为乡村地区 65 岁及以上的老人提供固定的资金补贴以确保其老年生活的安定；"乡村社会救济"制度通过发放家庭补助金对低收入家庭进行补贴。

三、国内外乡村治理模式实践的经验总结

总结国内外乡村治理模式实践的经验，可以推动乡村实现有效治理，进而为乡村全面振兴提供根本保障。

（一）确立政府的角色定位，提升乡村治理水平

从国外发达国家乡村治理的经典模式来看，政府在乡村公共事务中主要承担着为乡村社会制定法律法规和提供财政资金支持两大职能，从中体现出政府在乡村治理中的角色虽然是有限的，但却是有效的，推动着乡村社会实现有序、和谐、健康的发展。

乡村治理是一门科学，更是一门艺术。政府实现乡村社会的良善治理，迫切需要从当下的"全能型政府"模式转变为"有限政府"模式，这实则是涉及政府体制机制、各项制度安排、法律法规跟进、职能机构调整的一场大范围政府改革。有限政府是政府在乡村治理中的正确角色定位，要想实现这个目标，就需要转变政府职能，厘清政府权力和责任清单，强化问责制度，发挥乡村社会组织作用以及实现乡村社会的整体性治理。只有在乡村治理中充分发挥好地方政府、乡村社会组织、乡村宗族、村民群体等多元主体的协同治理作用，才能有效提升乡村治理水平。

（二）提高村民的主体地位，完善乡村治理机制

确立农民的主体性，提高村民的主体地位，切实维护农民权益，以此完善和健全乡村治理机制。农民作为乡村建设主体、社会和经济发展的受益主体、权利主体以及市场主体，应当具有在与客体的相互作用中发挥出来的功能特性，包括自觉性、自主性、能动性和创造性。乡村是村民的家乡，乡村的健康有序发展，要依靠广大农民的支持与参与，国外乡村治理的成功在很大程度上依赖于村民，尤其是乡村精英积极参与到乡村发展的过程中来。

与此同时，对广大乡村居民来讲，还应发挥自身的主观能动性，以主人翁的心态更加积极地投入乡村治理中去，为创造繁荣富强的美丽乡村贡献自己的聪明才智。在乡村治理过程中，农民主体性的获得除了需要其自身不断提高公民素质、培养民主意识、自觉履行好村民的权利与义务外，还需要政府部门构建畅通的利益表达机制、参与机制、决策机制等，切实维护和实现农民的利益，最终促进乡村的健康发展。

（三）充分发挥自治合作组织作用，实现乡村治理的整体效益

西方发达国家乡村治理的成功实践证明，其之所以能够推动乡村社会的繁荣，往往离不开自治合作组织的功能和作用发挥。自治合作组织对于维护农民权益，提高农民收入，促进农业现代化，实现国家与社会的稳定具有重要的作用。

当前，在乡村振兴战略背景下，在推进乡村治理与乡村建设的关键时期，我们提倡建立的自治合作组织不是新民主主义革命时期的农会，是以"农有、农治、农享"为原则，

在以属地为组织体系和议行分立为治理结构的基础上建立起来的农民共同体。自治合作组织的核心价值是将分散化的农民和农户通过农协这个平台组织起来，以农民共同体的形式更好地面对市场的挑战和社会的变迁，维护农民的利益，实现乡村社会的善治。

在构建具有中国特色的乡村治理模式进程中，我们也应正确认识到自治合作组织的作用，依托和发挥好农民协会的力量，将自治合作组织建设成为表达和实现农民利益、化解社会矛盾的有效组织，以此促进乡村社会的稳定有序发展。自治合作组织也需要明确自身的角色定位，通过更好地发展和壮大自身的实力，充分发挥好各项服务功能，最终推进乡村治理的现代化，实现乡村治理的整体效益。

（四）调动多元主体，共同致力于乡村现代化建设

我国乡村治理改革实践进程中，国家作用主要表现为国家高位推动。中国乡村治理诸多改革实践探索，正是通过国家高位推动，在较短时间内得以精准实施，有效规避了"社会撕裂"，进而最大限度地维护了农民群众的根本利益。当然，国家高位推动作用的发挥也有其前置条件，即政策科学，任何一项涉及民生的重大决策都必须保障其科学性和规范性，如此才可以保证政策惠民，而保障政策科学性就要畅通民意上升渠道。改革开放以来，中国乡村治理改革重大举措主要是底层民意上升到国家意志，最大限度地保证了决策的科学性。

乡村社会的善治除了需要发挥好政府机构、村民群体和农民协会的作用外，还需要充分调动城市、学校、企业、金融机构等乡村社会主体的积极性共同致力于乡村现代化建设。因此，现阶段在构建我国乡村治理模式中，尤其要积极调动城市、学校、企业、金融机构等主体共同致力于乡村现代化建设。

在具体做法上：①通过加强城乡之间的交流合作，形成城市带动乡村发展、城乡互利合作的模式，以此发展和壮大乡村的经济实力，实现城乡一体化目标；②高等院校是培训新型农民的有效平台，各高校要积极响应相关乡村振兴科技行动计划，着力培养一支乡村振兴人才队伍；③政府推动和鼓励大型企业在乡村兴办各类项目、产业基地和工业园区，为农民就业、创业开拓新渠道，创造新机会，防止村民大量外流，并且企业应通过创新农业运营模式，优化乡村产业结构，致力于乡村新型生产结构的形成，以此带动乡村的经济发展；④乡村金融机构，包括乡村信用合作社、乡村商业银行、乡村保险公司等，能够最大限度地整合社会经济资源，因地制宜地发挥功能优势，实现乡村社会的稳定有序。

第四节 乡村治理的完善路径思考

一、明确乡村治理的新理念

文化振兴作为乡村振兴的重要内容，发挥文化在乡村治理中的引领作用，塑造符合乡村振兴的乡村文化，不仅对于乡村治理主体具有引领作用，而且对广大农民参与乡村治理也具有引导作用。

第一，以社会主义核心价值观重塑乡村文化，统领乡村治理的文化建设。这是实现乡村振兴和乡村治理现代化的内在要求。构建城乡融合的乡村文化治理新发展格局能为长久的乡村振兴注入新文明动力。

第二，培育新型乡贤文化，加强对乡村治理主体的思想引导。"新乡贤"是乡村人才队伍的重要组成部分，是推动乡村人才振兴的突破口。因此，应在乡村振兴和乡村治理过程中塑造良好文化环境氛围，全面引导、教化乡村治理主体在追求经济效益的同时关注乡村公共利益，引导乡村治理主体正确认识和协调个人利益与乡村公共利益的关系。

二、提升村民的积极性

镇（乡）政府和村"两委"是当前乡村治理的主要角色，乡村居民参与乡村治理的积极性不高，多元化的乡村治理主体结构尚未形成。乡村治理是政府或村委会的工作职责，关系到乡村治理受益对象和服务对象的切身利益。形成由镇（乡）政府、村委会和村党支部、乡村社会组织、农民经济合作组织、乡村精英、村民等组成的多元乡村治理主体结构，是乡村振兴背景下乡村治理实施的重要保障。

第一，进一步完善村民自治制度，形成"自治、德治、法治"相结合的乡村治理体系。乡村善治的关键在于正确处理村民自治与法治的关系。村民是乡村治理的直接受益对象，需要鼓励和引导村民参与到乡村治理事务中来，提高村民参与乡村治理的积极性。村民直接有针对性地提出自身的需求和诉求，有助于提升乡村治理的可及性、获得感和满意度。

第二，构建"共建共治共享"的乡村治理模式，在保证党组织核心领导地位的基础上，其他治理主体在乡村治理中协商合作，实现乡村治理中的多元主体协同参与、协同发展。

三、提升村民自治的成效

乡村经济是乡村治理的物质基础，也是乡村治理成效的具体体现，因此需要在乡村振兴背景下推动乡村经济发展，通过乡村经济的发展，努力提升村民自治的成效，提高人民群众对乡村振兴和乡村治理的获得感和满意度。

第一，转变乡村经济发展理念，做大乡村经济蛋糕。将小农户生产与现代农业有机衔接起来，鼓励农业经济合作组织等市场性主体参与到乡村振兴和乡村治理中来，壮大乡村经济。在推进农业经济组织现代化的进程中，应坚持以家庭和家庭农场为基础，并支持专业化服务组织和合作组织的成长，而以雇佣方式扩大农场规模的政策需要慎重推行。

第二，促进乡村集体资源公正分配，分好乡村经济蛋糕。乡村治理应坚持以人为本的理念，凸显社会公平价值，特别是通过乡村经济的发展，帮助乡村边缘、弱势群体参与到乡村经济发展中来，提高这部分群体的收入水平，共享乡村振兴和乡村经济发展成果。周进萍认为，将社会治理物质层面的利益协调与精神层面的共识凝聚结合起来，形成共享乡村振兴成果的格局，需要将利益表达、利益补偿、利益共容相结合。

四、规范乡村治理过程

在乡村治理过程中，村委会和镇（乡）政府关系融洽，有助于乡村治理工作的开展，但还存在一些不合规、不合理的问题。由于村委会每年未向村民会议或村民代表会议定期报告工作，村民对村委会的监督无法有效进行。因此迫切需要完善乡村治理制度建设，规范多元主体参与乡村治理的行为，加强对乡村治理主体的权力制约与监督。

第一，完善党的领导制度建设，保证党组织始终处于乡村基层治理主体结构中的核心地位。应充分发挥基层党组织在乡村振兴和乡村治理中的先锋带头作用。

第二，加强乡村内部程序性、监督性的制度建设，规范乡村治理的行政权与自治权。推进乡村法治建设，规范乡村行政执法程序、村务公开和民主管理。完善乡村治理法制化建设关键在于增强乡村法治文化常态化建设，打造法制化的基层干部队伍，强化乡村治理法制化发展的人才保障。

第四章

乡村振兴背景下的乡村治理体系建设

第一节 乡村治理体系建设的意义体现

一、有助于促进乡村治理能力向现代化发展

我国乡村人口更多且乡村社会关系更加复杂并呈现多样化特征，因此，在党的领导下配套相应治理人才，有相应的治理制度，有一定的制度执行能力，才能更好地发挥出乡村治理体系的效能。在提高国家建设能力及推动治理体系发展进程中，乡村治理体系建设是一个重要基础。通过极力加强治理体系建设工作，可让乡村治理能力不断朝着现代化方向快速发展。

基于乡村人口众多的现状，相关部门须推动治理体系建设的政策与方针快速出台，通过建立一整套紧密相连、相互协调的治理制度，运用乡村制度管理乡村各方面事务，包括发展的稳定性、上级政策的落实等各个方面。通过政策的支持使村民生活质量及生活条件得到改善，可让乡村治理更加稳定地向现代化建设方向迈进。

二、有助于推动当地乡村的经济发展

乡村治理体系的建设是一个较为复杂的工程，而且还具有一定独特性，要构建科学的乡村治理体系，建设有活力、有秩序的乡村社会，就要不断增强农民的获得感、幸福感、安全感。因而在整个乡村治理中，村干部不但要统筹管理乡村中各项社会工作，而且还要对当地乡村经济未来的发展进行充分考虑。

为了更好地对经济发展进行推动，须将治理体系的建设进行优化完善。通过不同乡村之间的协同互助，对乡村治理体系的建设共同推进，可让当地经济的发展与繁荣得到极大的促进。

三、有助于助推国家治理体系的建设

乡村发展中治理体系的建设需要不断进行完善并保证体系的科学性、适用性，针对体系建设进行优化完善时，还要及时发现其中存在的隐患及问题并予以快速解决。

在乡村治理中，党组织发挥的引领作用不容忽视，在整个乡村治理中，党组织必须勇于承担自身的责任，建立起由党组织统一领导、村干部依法履责、群众积极参与的互动交流体系，还要进一步完善自治、法治、德治相结合的乡村治理体系，充分考虑党组织成员及相关制度的建立机制，进一步探索乡村治理经验，确保治理体系的科学性和完善性。这样便有利于乡村经济发展、治安环境以及乡风文明得到有效促进，从而打牢国家治理体系现代化的基础工程。

第二节　乡村治理体系建设的困境及问题

一、治理体系中没有充分体现民意

村规民约是根据本村实际情况，为维护本村的正常生产生活开展所制定的规范村民行为的规章制度。在整个乡村治理中，村规民约具有至关重要的作用。对村规制度、村民自治条例进行修改与制定时，必须向乡镇人民政府汇报。村民会议通常都为基层群众在教育、服务、管理等方面进行自治的组织，所以强制力方面比较欠缺。尤其是部分乡村确定村规制度时，一般都通过村内个别干部进行表决，所以无法将民主性充分体现出来。很多民众认为自己没有较高的文化程度，所以在制定村规民约时，不愿意主动参与其中，没有较强的参与性。很多村规民约都无法让村民牢记心中并将其转化成自觉行为，最后导致个别内容都停留于纸面上且过于形式化。

二、治理体系中缺少科学的制度支持

治理有效是乡村治理的任务之一，在乡村治理中，对于体制机制来说，每个村落都应保证其科学性、完善性、合理性。而体制内容要涵盖对自治主体进行程序、权限、职责的规范。通过国家对治理政策的推行，不仅可有效规范基层政府职权，还可让基层治理建设与民众参与得到法律保护。但进行治理时，个别法规依然存在内容缺乏细致性问题，其中存在的问题比较模糊，部分并没有进行明确说明，导致各主体之间的交流、互动没有更加科学和完善的制度去支持。

三、治理体系中缺乏人才支持

针对目前很多乡村地区的现状来看，干部队伍中平均年龄普遍偏大，为发展社会主义现代化新乡村建设提供的人才支撑不足。无论发展空间还是基础设备，与城市相比乡村都较为落后，导致人才出现单向流动情况。这种人才匮乏问题直接造成乡村建设队伍没有充足的后劲，村级治理层面缺乏相应的人才指导，甚至部分人员还不具备一定管理经验与能力，大部分村民适应不了现代化的农业发展方式以及不懂运用和检修现代化的乡村公共服务设施，一些比较先进的农业市场经验和科技知识以及发展策略等内容储备不足，在目前经济不断快速发展的情况下，部分乡村治理队伍仍然无法紧跟时代步伐做到共同发展，有碍乡村社会全面进步。

四、治理体系中乡村自治功能欠佳

村民在参与乡村管理、维护自身民主权利时，村民自治是一个重要平台，村民通过参与村级公共事务决策，从而对基层民主进行全面推进，最后让乡村的治理得到有效完善。在此过程中，村民可以发展壮大村组织力量，充分发挥村民委员会在公共事务决策方面的作用。

针对目前自治错位、管制不到位等问题进行分析，主要因为当地政府没有形成科学的治理理念，领导过分强调而对指导协调又严重忽视。

第一，随着城市的高速发展，乡村中很多人才都不断向城市靠拢，导致乡村人才流失严重，没有较强的基础去支持乡村自治。

第二，部分地区自治委员会没有足够的管理能力，在人才流失问题没有得到解决的同时，乡村留守人员年龄结构老化现象严重，自治委员会的成员年龄偏大、素质不足且学历不够。为了有效解决此类问题，地方政府只能通过对村民自治进行干预，不断加强行政村管理幅度，由此造成自治与干预之间存在一种不好平衡的关系。

第三节 乡村治理体系建设的有效策略

近年来，我国乡村社会的建设逐步引起了党和国家及全社会的高度重视，不仅发展目标清晰，而且在法治、组织、制度等方面都得到了充分的保障。我国必须尽快健全乡村法治建设，推动城乡法治建设要善于用法律思想和方法来解决"三农"问题。通过乡村法治的建设，可以有效地保护农民的合法权利，从而推动国家经济建设的发展。"加强乡村治理体系建设是乡村振兴战略的题中之义，是全面推进依法治国、加强治理体系和治理能力现代化的必然要求，是营造乡村治理新氛围、打造乡村治理新模式、形成基层治理新格局的重要抓手。"[①]

一、进一步推进乡村法治建设

目前，我国乡村治理基本做到了有法可依，运用法治思维构建了社会行为有预期、管

---

① 李玲玲，李云滨. 乡村振兴背景下加强乡村治理体系建设的路径——以哈尔滨市为例 [J]. 上海城市管理，2022，31（01）：61.

理过程公开、责任界定明晰的乡村治理制度体系，提高了乡村治理法制化水平。未来深入推进我国乡村法治建设，就要着力加强乡村法治建设，推进平安乡镇、平安村庄建设，开展突出治安问题专项整治，引导广大农民群众自觉守法、用法，用法律维护自身权益，就要着力进一步建立基本公共法律服务体系，为农民群众提供优质高效的法律服务。

第一，进一步加快乡村法治建设。加快土地制度改革、农业绿色发展、乡村建设治理等领域的立法建设，积极推进乡村振兴促进法、乡村集体经济组织法、乡村土地承包法、土地管理法、农产品质量安全法等法律法规的修订，同时加强配套规章制度建设，增强法律法规的及时性、系统性、针对性、有效性。

第二，加大普法宣传力度，引导广大干部群众自觉守法、用法。相较于城市区域，乡村依然是熟人社会，大多遵循熟人社会规律。结合乡村这种特性，在乡村加大普法宣传力度的重点就要针对乡村干部群众知识结构和认知特点，创新乡村法治宣传教育，加强乡村法治教育阵地建设，开展专题法治教育培训，组织文艺团队、宣传志愿者深入"法律进乡村"宣传教育，鼓励村民积极参与基层司法、法律监督等法治实践活动，提高乡村基层干部群众的法治意识，使之形成信法守法的行为习惯。要处理好乡村中"软法"与国家法律法规之间的关系，系统梳理和修改完善有关规章制度和行为准则，特别是结合经济转型升级、生态环境整治、实施乡村振兴战略等工作，指导修订村规民约，切实引导广大农民群众的日常行为。

第三，促进基层政府和基层干部依法行政。县、乡党委政府及有关部门应带头尊法、学法、守法、用法，依法加强对村务治理的指导，对乡村各类问题的预防和监管，让广大农民群众感受法律力量、认知法律尊严、增强法律信仰。要强化对乡村基层政府和基层干部的法律约束，依法行使职权，依法依规处理事务，依法加强对村务治理的指导以及对乡村各类问题的预防和监管。

第四，降低干部群众用法成本，加快完善乡村法律服务体系。加强乡村司法所、法律服务所、人民调解组织建设，推进法律援助进村、法律顾问进村，大幅度地降低干部群众用法成本，引导群众以正当的途径、以法律的手段、以理性的态度，合理合法地解决矛盾纠纷。加快建立健全乡村调解、县市仲裁、司法保障的乡村土地承包经营纠纷调处机制。抓好抓实乡村公共法律服务站点和志愿点建设，加强对农民的法律援助和司法救助，逐步实现城乡公共法律服务均等化。

第五，推进平安乡村建设，加强乡村公共安全治理。实施"派出所建设三年行动计划"，推行"一村一辅警"，不断提升乡村治安管理水平。推进平安乡镇、平安村庄建设，开展突出治安问题专项整治，让广大农民群众感受法律力量、认知法律尊严、增强法律信仰。完善县、乡、村三级综治中心功能和运行机制。健全乡村公共安全体系，持续开展乡村安全隐患治理。加强乡村警务、消防、安全生产工作，坚决遏制重特大安全事故。探索以网格化管理为抓手、以现代信息技术为支撑，实现基层服务和管理精细化、精准化。

在我国乡村法律制度建设中，必须着力解决乡村的社会矛盾，化解各类利益冲突，保障农民合法权益，更好地满足人民群众对美好生活的需求。为农民提供全方位、深入的法律宣传、法律援助和人民调解等法律事务，这也是法治社会的一个基本保证。同时，要从现实出发，使村规民约的积极功能得到充分发挥，把法治和伦理建设结合起来。通过构建村民自我管理、自我教育、自我服务的道德激励与制约机制，以实现家庭和谐、邻里和谐、干群和谐。

二、加强乡村德治德育建设

德治是乡村治理的思想道德基础。推进乡村德育工作建设，加强乡村德育工作，要以社会主义核心价值观为导向。要充分扮演好乡村基层组织的战斗堡垒和党员先锋的，使其在群众中的作用得到有效体现，创新工作的手段和方式，因势利导，加强乡村的文明建设。

（一）传承发展提升乡村优秀传统文化

立足乡村文明，吸取城市文明及外来文化优秀成果，在保护传承的基础上，创造性转化、创新性发展，不断赋予时代内涵、丰富表现形式。对于传统村落来讲，还要划定乡村建设的历史文化保护线，保护好文物古迹、传统村落、民族村寨、传统建筑、农业遗迹、灌溉工程遗产。同时，要支持乡村地区优秀戏曲曲艺、少数民族文化、民间文化等非物质文化遗产的传承发展。

（二）加强乡村的思想道德建设

要以社会主义核心价值观为引领，坚持教育引导、实践养成、制度保障三管齐下，采取符合乡村特点的有效方式，深化中国特色社会主义、中国梦、乡村梦宣传教育，大力弘扬民族精神和时代精神。加强爱国主义、集体主义、社会主义教育，深化民族团结进步教育，加强乡村思想文化阵地建设。深入实施公民道德建设工程，挖掘乡村传统道德教育资源，推进社会公德、职业道德、家庭美德、个人品德建设。

（三）加强乡村的公共文化建设

按照有标准、有网络、有内容、有人才的要求，健全乡村公共文化服务体系。深入推进文化惠民，公共文化资源要重点向乡村倾斜，提供更多、更好的乡村公共文化产品和服务。支持"三农"题材文艺创作，鼓励文艺工作者不断推出反映农民生产生活尤其是乡村振兴实践的优秀文艺作品，充分展示乡村农民的精神面貌。培育挖掘乡土文化、本土人才，开展文化结对帮扶，引导社会各界人士投身乡村文化建设。活跃繁荣乡村文化市场，丰富乡村文化业态，同时加强乡村文化市场监管。

（四）开展移风易俗行动

广泛开展文明村镇、星级文明户、文明家庭等群众性精神文明创建活动。遏制陋习，重点加强无神论宣传教育，丰富农民群众的精神文化生活，坚决抵制信奉邪教等封建迷信活动，深化乡村习俗改革，加强乡村科普工作，提高农民科学文化素养。

（五）注重树立、宣传先进典型

坚持正确的价值取向和舆论导向，开展各种模范的评选活动，用榜样的力量带动村民奋发向上，用美德的感召带动村民和睦相处，营造良好的社会氛围，提升人民群众感受美好生活的能力，增强社会的价值认同和凝聚力，推动形成向善向好的社会风尚。

三、构建乡村文化繁荣的机制

乡村文化既是广大农民的精神家园，也是增强民族自信心的重要来源。要促进乡村文化的复兴，就需要从政治、经济、社会等各方面入手，充分挖掘本土特色的乡村文化中的优秀成分，同时弘扬并促进中华民族优秀传统美德的发展，促进乡村的移风易俗，促进农民的思想品德教育的发展。

第一，在推动乡村文化建设的进程中，要充分利用好农民的主体性地位，鼓励农民进行乡村文化形式的创新。要创造一个良好的文化氛围，培育新型乡村人才，要坚持和发展乡村特有的、农民大众都喜闻乐见的乡村文化。要继续弘扬和传承优良的传统文化，大力发展乡村特色。发展乡村文化有利于乡村经济的繁荣发展和改善人民的生活水平，有利于提高农民的文化素质和劳动热情。发展乡村文化产业有助于充分开发和利用本土乡村文化资源，赋予乡村文化全新的经济价值，为文化事业的发展和公共文化产品的供给提供资金来源。这对于我国乡村优秀传统文化的继承与发展，增强农民文化自信心等方面具有重要的现实意义。

第二，以"乡村精神"为载体，推进乡村社会的发展，必须持续增强其自身的"文化自信"与"价值观自信"。推动乡风文明，是促进乡村文化发展的一项重要举措。现阶段，在乡村精神文明的建设中，不仅要做好农民思想政治工作，也要做好农业科技工作。加强乡村文化建设，维护乡村良好的社会治安。在继承和发扬优秀传统文化的基础上，也要充分利用乡村文化，以家风传民风，以民风促乡风，努力营造一种积极向上的乡村文化氛围。

第四节　"三治融合"乡村治理体系构建

基层党组织作为发展乡村产业、振兴乡村文化以及推动乡村体制机制改革的重要力量，其是乡村农业发展的"主心骨""领头羊"。在其充分引导下，自治、法治、德治相结合的乡村治理融合机制才能充分发挥作用，乡村治理才能稳步推进，达到良性发展的局面。"'三治合一'乡村治理体系建设既是推进国家治理体系和治理能力现代化的实践场域，也是实现乡村振兴的方法论。"①

一、"三治融合"的概念与理论依据

（一）"三治融合"的概念

"三治"是对自治、法治、德治的简称。

第一，自治。自治在"三治"中处于基础地位，法治与德治的最终治理成效都要通过乡村自治予以实现。

第二，法治。法治要补足在全面依法治国中乡村治理这一短板，深化乡村法治治理理念，提升法律在村民心中的可信度，使法律可以更好地维护村民权益、规范乡村秩序、化解村民间的矛盾，营造法治乡村氛围。自治与德治在乡村的顺利实施，需要法治予以保障，因此自治与德治都要在法律框架内进行。

第三，德治。德治要自觉做到传承与弘扬优秀传统文化与乡土美德，采取润物细无声的方式加强乡村道德建设以提高乡村德治程度。

总之，"三治融合"并非简单地将自治、法治、德治相加，而是做到你中有我、我中有你，在自治中体现德治与法治，在法治中体现自治与德治，在德治中体现自治与法治，交互融合以实现"三治"间的良性互动。综上所述，"三治融合"作为乡村中全新的一种治理方式，分别体现了自治、法治、德治在乡村治理方面纵向与横向的深度融合，有利于乡村治理现代化的有效实现。"三治融合"的概念为在全面依法治国的背景下，村民参与乡村治理行使自身民主权利，法治为村民自治加强保障，德治净化乡村社会风气。自治、法治、德治三者优势互补、深度融合，三者实现有机统一，最终达到和谐稳定的综合治理效果。

（二）"三治融合"的理论依据

1. 国家治理理论

国家治理思想在我国古代社会就已产生，其中具有代表性的三种国家治理思想为以礼治、德治为主的儒家治理思想，以无为而治为主的道家治理思想以及以法治为主的法家思想。

第一，儒家的礼治思想指的是尊卑贵贱、长幼有序，每个人的行为都归于"礼"治之下，核心在于维护宗法之下的等级关系。

---

① 何阳，孙萍."三治合一"乡村治理体系建设的逻辑理路 [J]. 西南民族大学学报（人文社科版），2018，39（06）：205.

第二，道家以"无为而治"作为国家治理的核心思想，这一思想在我国封建社会时期也曾起到不容忽视的作用。这一核心思想主要包括：道法自然、无为而治，以民为本、以道治国。在对待百姓上主张休养生息，百姓在治理中不会受到来自统治者的强制与压迫。道家"无为而治"的思想为我国实行可持续发展的国家治理理念提供了理论依据。

第三，以法家为代表的治国核心思想是依据法律对国家进行治理。法家认为法治比礼治更公平，比德治更有效，比人治更有利于维护社会秩序，更能体现公平治理的国家治理理念。法家认为国家要"依法治国"，立法分明，严格依照法律治理国家，即使是君主也要严格遵守法律，做到以身作则。法家"法治"的治理思想，对于我国建设社会主义法治国家具有重要的价值意义。

2. 法治理论

法制化是推进国家治理体系和治理能力现代化的关键。推进国家治理法制化的过程也意味着是推进国家治理体系和治理能力现代化的过程，二者具有一致性。

国家治理与法治具有紧密的联系，这不仅取决于国家治理的性质和方向，也取决于法治自身的价值本质与外化作用。法治指的是良法善治。所谓"良法"指的是法律的制定与实施应该与人性的发展规律，包括自然与社会规律相一致，法律在调整各种社会关系时也不能蔑视、拒绝规律。"良法"会得到人们的自觉遵守，而且国家也会做到尊重法律、执法严格化与司法公正化。法治要求国家立法机关制定良法，执法机关与司法机关依据"良法"办事。这样，人民群众才会对国家与社会的治理产生认同感，在良法之下才能实现善治。法治要求宪法至上。

3. 社会治理理论

（1）社会治理理论的形成。社会治理理论的形成，是中华人民共和国成立后，在理性分析我国社会实际情况及借鉴和吸取苏联社会发展经验教训的基础上，探索出的适合本国国情的社会治理模式。首先，要始终坚持群众路线，把群众的利益放在社会发展的首位，鼓励人民群众积极参与中华人民共和国成立的社会建设。其次，既要处理解决好国内关系，又要将有利于国家社会发展的国内外因素有效结合，为社会发展服务。最后，正确对待和处理社会主义社会的基本矛盾。

"社会管理"到"社会治理"理念的转变体现了社会治理理念的升华，标志着社会治理理论的形成。在不同历史时期及不同历史阶段下，社会治理理论具有不同的含义与重点，社会治理理论一直处于不断发展与完善的过程。

（2）社会治理理论的内容。社会治理理论包含追求善治的社会治理价值体系、共建共享的目标导向、政府主导的体制机制、多元化的治理主体、综合治理的治理手段及依法治理的保障制度。

第一，善治之下更多强调多元化的治理主体及各治理主体间平等互助关系。社会治理可以说是关乎每个人的切身利益，在善治治理理念下，社会治理价值体系主要体现为以人为本、民主发展及公平正义的治理理念。

第二，社会治理理念最大的变化就是坚持以人为本的理念创新，将治理作为服务人民而非管理人民的重要手段之一，以促进人民的全面发展，社会治理是每个公民都会参与其中的治理过程。社会主体广泛、有序参与的前提及社会治理最重要的价值基础，在于民主与法治的真正实现，民主与法治成为推动社会治理运行规范化、制度化的重要保证。对于社会成员如今利益多元化的不同情况，有效保障每一位社会成员都享有公平的发展机会与资源，构建科学有效的收入分配制度、社会保障制度，推进基本公共服务均等化是实现社会治理创新的关键环节。

第三，社会治理中善治的治理理念、共建共享的战略目标的实现，离不开治理体制机制的保障。其中，完善"党委领导、政府主导、社会协同、公众参与、法治保障的社会治理体制"中的"社会协同"四个字重新定位了政府与社会之间的关系，强调社会力量在社会治理体制中发挥的重要作用，体现了社会治理改革理念的转换与升华。

第四，社会治理是政府、团体组织、公民群众等多元主体共同参与的过程，国家一直在努力打破政府单一化管理，建构政社合作、多元协作的治理格局，促进治理方式由国家治理向社会治理转变。一方面，社会治理是在治理主体多元化、社会需求差异化与个性化基础上提出的解决方法，目的在于在管理社会事务、进行社会服务过程中引入更多的社会治理力量以满足多元化的社会需求。因此，要加快政府转型，建立服务型政府，对政府进行简政放权，最大限度地减少政府对于微观社会事务的管理，鼓励政府购买服务，将社会事务交由专业人员治理。另一方面扩大社会组织规模与发展。社会组织现已成为社会主义现代化建设的重要参与力量，在实现"四个全面"战略布局中，社会组织也担负着重要任务。基于此，党中央出台了各项政策来促进社会组织的发展，也在一定程度上保障了多元化的社会治理体制，体现出政府主导、社会协同的治理格局。

第五，综合治理的社会治理手段。社会治理相较于社会管理，其治理主体具有多元化的特征，社会治理手段具有上下互动、柔性的特点，是一种建立在以共识为基础上的协商式治理模式。推动社会治理必须提高人们的各项权利意识，依法规范行使自己的权利，保障各项权利不受侵犯，有效实现公平正义。此外，在社会治理主体日益多元化的情况下协调各治理主体间的关系，确保各治理主体间有效衔接、高效协作，必须形成一套稳定的现代法律体系。明确了"依法治国"的战略思想，并提出要提高社会治理下依法治理的水平，推进法律制度建设的同时，推动创新社会治理体系。

（三）"三治融合"的主体与形成

1."三治融合"的治理主体

治理主体是"三治融合"乡村治理中的主要参与对象，治理规范是"三治融合"乡村治理的来源。"三治融合"侧重多元治理主体和多元治理规范彼此作用以此促进乡村治理体系现代化。

"三治融合"中的多元主体分别包括自治、法治、德治三个主体，不同于以往行政化的政府控制管理，而是多个主体共同发挥力量的参与型治理。其中，自治主体主要包括村委会、互助会及红白理事会等组织；法治主体又包括乡镇党政机关、司法所、公益律师、下派到乡村的专业法律人才等为村民提供法律服务的司法主体；德治主体包括新乡贤、乡贤理事会及乡村本土精英、道德评判团等。他们分别以自治、法治、德治规范为依据对乡村进行全方位的治理。综合来看，自治主体中的村民小组具有较强的乡村治理能力；法治主体要根据乡村的具体性和地方性，因地制宜地采取多种审判方式化解村民间的纠纷矛盾。在加强乡村法治宣传教育方面，作为乡村法治治理主体的乡土法杰发挥着重要作用。

在乡村治理中，既能充当解决矛盾纠纷的角色维护乡村和谐，又可以在纠纷解决过程中灵活运用习惯法以形成新的乡规民约。对于德治主体，新乡贤多为返乡创业的精英或者在本土中居住较久的德高望重的老人，其可以凭借道德影响力在乡村秩序的维护中产生积极作用。

2."三治融合"的形成

"三治融合"的形成是多元规范共同作用的结果。多元规范包含国家正式法、国家政策、自治章程、村规民约与当地习惯法等，多元规范的作用在于规范参与乡村治理中的各个主体。村民自治在立法层面要做到充分保障村民自治权，完善村民委员会组织法，在立法中体现村民自治的本质特征。

对于村规民约与习惯法等非国家规范，既要肯定村规民约在乡村治理中保障村民民主和管理公共事务的积极作用，也要打破个别村庄对村规民约的限制性规定。我国乡村已从传统的控制阶段转变为治理阶段，有关村规民约的规定，地方规范不应是强制性的，应获得民众的自愿选择与接受。只有"三治融合"中的多元主体与多元规范彼此互相作用，才能保证乡村治理得到有效运行。

二、"三治融合"乡村治理体系的特点

（一）治理理念：秉持人民本位

现在更注重人自由而全面发展，"三治融合"乡村治理体系，体现"人民当家作主"

的思想。乡村治理体系加入了自治、法治、德治的"三治"思想，坚持"以人民为中心"的价值取向。通过扩大各参与主体、参与途径，实现治理方式的多样化来保障人民权利的实现。

1. 自治凸显村民主体地位

自治的主体在于人，在乡村建设和发展的过程中，离不开人的主体地位。乡村治理的主体包含：村民、"村官"和工会、青年团、妇联等群体组织以及其他社会团体。自治主要是为了满足村民对于乡村治理的需要，一切以村民的利益为出发点。通过其他治理主体和村民一同参与自治，共同参与乡村事务的管理。村委会是村民自治的重要载体，由于乡村事务比较繁杂，且"两委"之间行政职责划分并不明确，村民自治基本荒废。要厘清村党委和村民委员会的职责，党和政府是乡村基层组织的领导者和组织者，坚持党对各项工作的领导，同时政府要做好人民的"服务者"，通过具体的制度，来保障人民的权益。

村民自治制度体现了党和政府密切联系人民群众的思想。村民自治制度的实施将村干部和村民密切联系起来，是群众路线在乡村治理中的贯彻，在村民自治背景下，由村民直接投票选举村干部，那些在工作中深得人心的有能力的人将会被选出来。因此，这些被村民自己一票一票选举出来的村干部，就会在日常生活中更加询问和听取村民的意见和建议，主动与村民建立良好的关系，村民也在无形中监督了村干部。实践证明，在村民自治程度较高的村庄中，村民之间的关系以及村民权利的行使，更加友好、平等。

我国宪法规定尊重和保障人权，村民自治这一制度，实质上也是国家将权力还给村民的，让村民自己管理自己的事情。这样不仅提高了村民参与政治的积极性、参与乡村建设的积极性，也减轻了政府的压力。人民民主的贯彻也需要人民群众的积极参与，村民自治能够更加有效地调动人民参政议政的积极性，树立法制观念，增强民主意识，在参加村治的过程中，实现自己的权利。

在"三治融合"当中自治，始终发挥着村民的主导作用，始终围绕着如何更好地解决村民问题，如何更好地维护民意、尊重民意、爱惜民力。"三治融合"的乡村治理体系不仅体现出我国乡村治理体系的特色，而且多方面的治理方式也保障了人民当家做主的实现。

2. 法治维护社会公平正义

"法治"的"法"，不限于由国家制定、批准或认可的法，也包括以公序良俗为核心的社会规范体系。要让群众切实感受公平正义。乡规民约是中国基层社会组织中社会成员共同制定的一种社会行为规范。维护乡村社会的稳定、和谐离不开乡规民约，乡规民约能够引导乡民自我约束、自我管理、相互监督、规范行为，从而维护人民权益。

乡规民约，形成于村民和部落内部，易于受到村民们的认可。与法律相比，这些村规民约虽说没有强制力约束，但更加容易接受和遵守。建设乡村治理的法治体系，一方面可以更好地发挥乡规民约的作用，使法律与乡规民约更加贴近村民生活，让村民易于接受；另一方面，法治可以剔除乡规民约中一些不适应社会发展的因素，科学规范村民的一些行为习惯，树立好权利与义务意识，使村民自觉遵守和信仰法律，同时也能监督村"两委"制度运行的公开公正透明，以及规范束缚村委干部权力行使和滥用。

乡村法治的融入，使得法律面前人人平等，村民开始敢于表达不公和压抑，保障了村民的人权，维护了乡村社会的公平正义。将法治融入乡村治理当中，通过普法活动，让村规民约的优势积极发挥，目的就是要保护好村民的合法权益，让村民更好地行使自己应有的权利，自觉参与到乡村建设中来。法治也是乡村自治得以顺利有效推进的基础，改善村民参政议政积极性和热情度，参加乡村建设。同时监督村"两委"权力的行使，更好地保障人民当家做主，把维护人民利益，以人民为中心落到实处，维持乡村社会公平正义，让法治思维浸润人心。

3. 以德治厚植乡风文明沃土

德治自古以来就是我国治国的一个思想，德治总体来说就是站在个人情感和价值立场上去处理和解决问题，通过道德自律引导人心向善，营造一种和谐稳定乡风文明的氛围。我国乡村社会受儒家思想影响比较深厚，德治更容易在乡村的"熟人"社会中润化人心，以德治特有的"软约束"，继承了优秀的传统文化思想，厚植乡风文明沃土，想人民之所想，更加显现治理的人民性。

德治对于乡村治理有重大意义，它能够提高村民的思想道德水平，化解乡村社会的道德危机，有利于建成符合现代化的道德价值体系，在自治和法治实施的过程中充当着"润滑剂"的作用，既能提升村民的自治水平，又能弥补法治的不足。

德治体现出了"以人为本"的作用，潜移默化地提高村干部自身道德水平，从而有利于乡村善治目标的实现。德治在一方面有监督舆论，制约村委会、村干部言行的作用，使村委会更加有效地使用自治权，发挥自治作用，保障村民权益；另一方面，德治可以节约乡村治理成本，调节处理乡村事务，更贴近村民感受，处理结果更易于为村民接受，这正是因为德治是站在村民主体地位的价值立场上去解决问题，也能节约成本。

（二）治理过程：推动协同趋向

乡村治理体系以"三治融合"为目标，在"三治"治理上要求过程上协同趋向。协同性顾名思义就是治理要素之间相互配合、相互协作，各个治理方式之间相互联系。自治、法治和德治的每一个治理方式的实现，都要求其他另外两个的配合。自治的实现需要民风民约的德治和法治强制力的约束，法治的推进又需要自治的实践和德治的引导。德治的润化又靠自治主体的参与以及法治的规范。各项治理要素衔接、融合，形成一个三治融合要素循环的治理模式。

1. 以自治为基，激发乡村治理内生动力

当前我国乡村自治制度为乡村治理现代化提供了一个民主的基础环境，以自治为基础，激发乡村治理的内生动力，通过法治强制力和德治道德约束力的良性互动，创造一个具有韧性的乡村治理体系。

村民自治是"三治融合"乡村治理体系的核心，基层政府就是推行国家政策落地实施的"最后一公里"。乡村自治制度要通过不断完善基层组织才能保障乡村人民的基本权益。在党组织的引领下，乡村精英、大学生通过各种渠道或者社会组织团体一起积极参与到乡村治理建设当中，为乡村治理建言献策。广大村民通过基层群众自治制度，实现四个"自我"。村民代表大会以及村民委员会，通过村"两委"干部的引导，自己解决自己的事情，提高村民参与积极性，一定程度上也缓解了政府的基层管理压力。

一方面，村民通过硬性的法律程序自己选举出为人民服务的代表，来保障自己行使一些管理和组织的权利，通过监督机制来约束村委干部权力的实行，所以村民在实现自治的同时也包含着法治，在进行法治约束的同时，也包含了村民对于约定俗成的乡规民约的遵守；另一方面，乡村社会以"乡村风文明滋润人心"的德治，引导着人心向善，也指引着自治的发展。三者互相作用，一方的治理实现连接着其他两方的动态互补，三者统一于自治实践当中。

2. 以法治为本，维护人民群众根本权益

"三治融合"的乡村治理体系是站在村民自治的基础上，依法来保障人民权利的实施。乡村社会治理中各种关系相互交织，形成一个复杂的关系网络，在这个网络中，根据血缘亲疏关系，往往阻挠自治的治理效能。各种关系网络，容易造成法治的瘫痪和自治的偏离。通过法治的规则性、法制化、严肃性、规范自治程序公平正当，同时，在这种具有乡土人情的乡村社会，人们相比对于日常道德习惯所形成的一套具有人情味的"礼治"，冰冷的法律让村民更难以接受。但这也解决了利用原来的规则习惯解决不了的事情，法治提高了乡村事务的解决效率。

我们国家有着5000多年文明的历史，形成了底蕴深厚的道德文化体系。乡村德治依托于民习民俗、乡村文化等内容，对于其中适合乡村社会发展的我们予以继承，对于阻碍乡村社会发展的我们予以抛弃，依靠法治加以改进，为乡村德治框定边界。乡村治理现代化，呼吁乡村社会转型，冲击着传统的治理方式和思想观念，乡村的法治建设仍是任重道远。

3. 以德治为先，弘扬乡村优秀传统文化

德治是"三治融合"的坚实基础，实现乡村治理现代化，也必须发挥德治对自治和法治的引领作用。德治主要以传统伦理文化为依托，以民众日常遵循的风俗、习惯、礼节等

为表现形式，以道德舆论、社会评判等非强制性手段为保障来实施。

德治在乡村社会中一直是一种灵魂的存在，不同地区地理环境不同，经济发展不同，文化不同，思想也不同，德治一直用其自身特有的文化价值性滋养着一方。它不同于法治那种强制性的遵守，而是以其一直延续下来的美好的道德品质去潜移默化地影响人们。与自治和法治相比，德治一直在治理的实践当中。

德治为先，弘扬乡村优秀传统文化，在德治的实践中生长出来的一些优秀的道德品质，也蕴含在我国乡村的传统文化和宗族治理当中。实践中，德治通过约定俗成的道德调节着国家和社会的关系，也规范着人们的行为。在自治方面，德治就发挥其教化的作用，潜移默化地影响村民，自觉地减少不必要的矛盾。在解决具体问题时，村里有威望的老者或者贤能的人出面，在具有人情味的乡村，减少法律的运行成本，而且也不伤情谊，能更好地维护村民的权利和乡村社会的秩序。

只有得到村民普遍认同的道德观念才有可能深入人心，让村民自觉践行，让村民自治游刃有余。也只有发挥道德对民众的教化作用，才能提高村民的思想觉悟，从源头上减少各种冲突，通过协商达成和解，从而降低法治成本，创造一个自治的良好环境，实现乡村自治、法治、德治互动融合的局面。

德治与现在倡导的文明新风相结合，与社会主义核心价值观结合，并且将乡村中潜移默化形成的非正式制度有效结合，引导道德规范的形成，促进人们更加积极向上。在具体的实践过程中，由于各方面的差异，每个乡村发展条件不尽相同，在推进乡村治理的过程中要因地制宜，具体问题具体分析，优秀的德治文化要以继承和发扬，在尊重差异的基础上，推进"三治"融合乡村治理体系在乡村建立。

通过德治可以丰富农民的精神世界，提升村民的幸福指数。随着我们国家的社会生产力的发展，村民对于物质和精神追求都提出了更高的标准。在乡村治理的过程中，需要充分发挥德治"以文化人"的作用，道德诉诸人们的"良心"，诉诸人们内心的"道德信念"，能够通过潜移默化的方式改变人的性情和气质，提升人们的道德涵养，启发人民主体意识，营造一种良好的乡风，实现乡村治理的可持续发展。德治通过内化于人们心中的思想而发挥作用，它能够丰富人们的精神世界，能够使人得到全面发展。德治是乡规民约中所包含的传统美德，为乡村法治提供了良好的道德环境。同时，法治通过规范和执行法律，保障德治可以良好的维持和发展，维护乡村特色。一个治理的推进，链接着其他各项治理方式，互为充要条件。因此，构建好"三治融合"的乡村治理体系必须注重自治、德治与法治各项治理方式的有效结合。

（三）治理模式：彰显本土特色

1. 多元共治

由于地区差异，为了使乡村治理的方向不偏移，就需要有一个指南针，党就承担着这一角色。随着一系列的改革，乡村治理在中国特色社会主义事业建设中越来越重要。在治理能力现代化的要求下，我国乡村治理也有了新方向，在这个方向上，乡村治理主体开始由单一的主体向多元化转变。在村民自治制度之下，不仅有党委的领导和政府主导，也有公众的参与，比如村民组织和其他社会组织也开始加入其中。形成了基层党组织担任村治工作的核心，政府由"管理型"向"服务型"转变，村民和其他治理主体积极参与治理的现象。

（1）党委领导。为了坚持和加强党对乡村工作的全面领导，贯彻党的基本理论、基本路线、基本方略，深入实施乡村振兴战略，提高党全面领导乡村工作的能力和水平。在乡村治理体系的构建中，坚持中国共产党的领导、方针、政策，有利于把握乡村治理的大方向，提升乡村的治理能力，提高村民参与乡村治理的积极性。通过党员干部和党组织的领导，把握"三治融合"乡村治理体系建设的方向不偏移，提高治理效能。

（2）政府主导。在乡村治理的过程中我们要发挥政府的主导作用，在党的领导之下，服务人民群众，促进治理工作廉洁高效，为构建"三治融合"的乡村治理体系营造一个良好的治理环境。

（3）社会公众的参与。包括留守村民、大学生村民、新乡贤以及其他社会组织团体的成员，都积极参加乡村治理，统一于党的建设过程中，共同处于党的领导之下。并且通过党的领导，组织协调各个治理主体集合到乡村治理当中，更大限度地发挥民智，团结民力，互相监督，形成"一元多方"的治理方式，提高"三治"融合的效能。

2. 民主协商

人民通过选举、投票行使权利和人民内部各方面在重大决策之前进行充分协商，是我国社会主义民主的两种重要形式。我国的协商民主是中国共产党领导下的，关于涉及人民内部和切身利益的各种问题，在进行决策之前和执行实施过程中展开协商讨论，从而形成共识的一种民主形式。村民是乡村治理的主体，通过人民群众的广泛参与形成民主协商，促进治理有效。

为了有效完善村民在乡村治理当中的主体地位，就需要形成一种协商治理的模式，通过协商，村民可以主动参与治理，通过有效渠道表达自己的利益诉求，村民在自治的过程中，通过协商讨论，一方面可以决策村务事项，另一方面也可以监督村干部的权力，使得村务公开化、透明化，村干部的责任意识得到提高，最终实现决策的科学、合法、合理化。

"三治融合"的乡村治理体系通过治理的多元主体，各个主体平等参与乡村各项事务，一同协商，进行决策，从而最大限度地去调动村民的积极性，激发村民自身的创造性，实现全体人民共同参与、平等参与、广泛参与，确保村民自治制度的有效运行。

3. 因地制宜

中国地大物博，区域广阔且复杂，各个乡村之间又有着非常大的差别。各村村民在这种情况下，只能根据自己村的实际情况在党的指导下进行治理，以自治为根脉，法治形成保护罩，通过德治来引领"三治"相互融合，实现整体性、系统性治理。自治、法治、德治的方式历史悠久，在"三治融合"的历史逻辑上，不管从制度变迁还是政权内卷抑或是秩序重构，体系再造时期，都体现出我国自身的特色，显示出我国悠久的历史文化底蕴和社会主义制度的优越性，也可以看出我国乡村治理方式有着自身的特点。

三、乡村治理"三治融合"的优化路径

（一）厚植包容性治理的理念

1. 多元协同共建

基层群众自治制度是我国的基本政治制度，乡村自治也属于基层自治的一种，有很长的历史，是"三治融合"乡村治理体系的基础。自治能力的提升就是要从"被动"变"主动"。"三治融合"乡村治理体系，通过法治的限制、德治的约束，使全体社会成员能够广泛且平等地参与到乡村建设上来，夯实"三治融合"的社会基础，提升治理效能。通过探索多元协同，协商共建。通过村民自治化解矛盾冲突、实现乡村共治，发展成果惠及全体人民，实现资源福利共享。厚植包容性共建共治共享的治理理念，最终打造乡村善治新格局。

工会、青年团、妇联等群体组织，除了党委、政府、村级组织和村民外，其他各种经济和社会组织都可以平等参与到乡村建设当中，通过协商决策，监督机制，完善乡村治理共建平台。法治可以依靠其强制力和约束力进行监督和惩罚，依法打击违法犯罪活动，化解乡村矛盾，敦促村干部解决问题，保障村民的自由和权益。而法律，它本身的公平威严，打击犯罪，可以有效稳定乡村社会的正常秩序，为乡村治理提供一个保护罩。

工会、青年团、妇联根据自身的特点分别参与乡村治理的不同方面。工会维护村民劳动权益，青年团组织一些活动团结本村青年力量，妇联维护妇女儿童等权益，这些组织也可以监督村"两委"权力的行使。其他的一些经济和社会组织，例如基金会、慈善会等，都可以平等参与乡村治理。

2. 制度融合共治

（1）"三治"实施要提高乡村治理主体的自身素质，巩固村民自治基础，实现乡村治理当中全体社会成员自由发展。人只有自身意识觉醒了，潜力得到发挥，物质精神得到满足，才会有条件自由发展。

（2）权力不能掌握在少数人手里，每个人都有"民主"权利，完善"三治融合"治理路径，通过法治的刚性，去约束和监督自治和德治在治理过程中的滥用。

（3）在道德自律的基础上，培育新的价值体系。德治为先，崇德向善，指引自治和法治在良好的治理氛围中发挥最大效能。

"三治融合"的乡村治理模式为全体社会成员提供了一个全面且良好的发展环境，通过自治的加强，使村民和乡村其他组织团体共同参与乡村治理，注重这些社会成员的素质教育、文化培养、权益意识。乡村可以通过德治的治理，举办文化活动和法律普及活动，用新的价值体系教化人心，在崇德向善的氛围中，自觉参与乡村治理。

乡村可以通过法治规范人的行为，完善自治参与下的制度漏洞，完善权力运行的监督机制，提高人的法律意识。并在社会主义核心价值观的引领下，积极实现自身的人生价值。乡村治理体系为单一主体向多元主体的发展共建以及单一自治向三治融合的共治演进，构建了新的治理格局。所以，要加强"三治融合"自治、法治、德治的共治理念，在村民自治的过程中将法治的刚、德治的柔治理方式融合，实现乡村共治。

3. 发展成果共享

全体社会成员共同享有治理成果，切实推进乡村治理成果共享，其最终目标也就是实现治理成果的普惠化，让广大村民能够享受到乡村治理成果的红利。中国共产党立党为公、执政为民的理念，以及全心全意为人民服务的根本宗旨，为实现社会治理成果普惠化提供了政治保障；法治的公平正义为实现乡村治理成果普惠化提供了价值保障；成果共享是中国特色社会主义治理制度不断创新发展的根本目标，这进一步体现了坚持人民主体、发展为了人民的根本要求。

德治、自治、法治在乡村治理体系构建中产生了很多积极影响，发挥独特作用。"三治融合"的乡村治理体系，要求全体社会成员平等参与、自由发展及取得的治理成果全社会共享。

（二）夯实德法共治理念的根基

1. 坚持德治法治共同发展

在乡村治理中，党群干部是与村民群众直接面对面产生具体行政行为的人员之一。村民对于党群干部的法治理念、法律意识及能否在实践中做到依法治理、依法办事有着最真切的感受，将直接影响法律在村民心中的地位以及村民对基层民主法治建设的信心，因此必须重视加强党群干部的法治理念。

（1）将党群干部的事权与财权平衡化，力图做到既能禁止利用权力贪污腐败，又能充分调动其治理乡村的积极性。

（2）集中对党群干部进行法治教育培训，不断加强党群干部的法治意识，使党群干部认识到在乡村中带头遵纪守法、依法办事的极大重要性，真正将依法办事作为一种行动自觉，避免党群干部中出现法盲的情况。此外，在全面依法治国的大背景下，引导党群干部认真学习并掌握中国特色社会主义法律体系，带头尊法守法用法，提升运用法治思维与方式进行乡村治理工作的水平。

（3）坚持依法科学决策。深入村民内部，了解村民群体需求，广泛听取村民群众的意见建议，做到集民智、聚民意，提高决策科学性与有效性。发挥党组织在基层政权中的关键作用。基层党组织是提高乡村依法治理水平最根本、最有效的力量，加强基层党组织建设，借助基层党组织的优势，精准识别村民的法治需求，在村一级别建立"法律诊所"，将法治资源下放至村庄的"最后一公里"，使法治资源落实到村、精准到户，及时满足村民群众的法治需要，将乡村治理法制化落实到具体行动中。

（4）加强村民道德文明建设，坚持对党群干部进行培训，完善基层干部人才评价、选拔和任用机制，使得党群干部在获得村民认同感的同时，自身也具有高素质，以优秀传统道德文化滋润法治、涵养法治，深化道德对于法治的支撑作用。

2. 规范乡村自治发展空间

基层治理法制化的实现就是要发挥法治本身所蕴含的权力制约与权利保障精神，以确保基层治理中的政府不会滥用权力，村民自治权利得到切实有效的尊重。

进一步在法治上规范乡镇政府的权力，以实现乡村真正的自治。况且村民自治制度创立之初的本意就在于禁止和反对国家权力对乡村治理的非法干涉。通过国家最高法宪法及其他法律法规的补充赋予村民在乡村的自治权利，消除国家权力对村民自治权利的侵犯，给予村民应有的自治空间。针对此，基层政府通过行使自身权力实现与村民自治权的有效衔接。有条件的基层政府可以为村庄安排专业法律顾问，为乡村治理制定标准化的规章制度，保证基层政府行政权与乡村自治权的协调配合与良性互动。

乡村自治的规范化要求法律法规对政府权力给予一定约束，为其他乡村治理主体创造条件。基层政府要找准自己在乡村治理中的角色定位，加强乡村各治理主体的法治意识，树立正确的权力观。通过法律规定规范基层各治理主体的权力，制定权力清单、明确划分基层政府职责分工，建立健全用权不当法定问责机制，减少对乡村治理进行非必要的行政干预。

（三）促进自治法治有机结合

1. 加强党的引领作用

中国共产党在乡村治理体系中担当着引领者的角色，来保证治理方向不偏移。在乡村治理的实际运行中，基层党组织就是这一"引领者"，它的存在犹如"定心石"把握治理整体大方向，积极协调各方，推动乡村有效治理。但在中国这个地区差异较大的国家，受到各种条件的限制，在"三治融合"治理中始终坚持一个方向不变并非易事，我们应该加强党的领导。

首先，大力提升党员干部的素质。人是治理的主体，要不断提高党员干部领导乡村工作的水平。要按照《中国共产党乡村工作条例》的要求，进一步加强党对乡村改革的领导，强化乡村振兴的法治保障，培养一支"懂农业、爱乡村、爱农民"的干部队伍，营造乡村振兴的良好氛围，实现有效治理。

在经济不发达的乡村地区，乡村空心化比较明显，大量劳动力外流，留在村里的大多是老人、妇女和儿童，以及丧失劳动力的伤残和智力有缺陷的人。党员干部整体素质呈现偏低的现象，主要有受教育程度不高，能力不足，选出的党员干部一方面是德高望重有威信的人，也有可能是指标需要或是暗箱操作。如何筛选和培养出有知识有能力有担当的"两委"干部成为亟须解决的问题。如今，国家将资源逐步倾斜到乡村，乡村各项资源也有了补给。鼓励有志青年党员下基层锻炼，县或市挑选一批优秀年轻的党员干部以选派和驻村的方式，分驻到各个乡村进行宣传和培养。如果在此期间表现良好，成效显著，可根据其意向进行提拔。这些人可通过组织党员培训班，用上党课、开组织生活会等方式，对党员干部、积极分子进行教育培训；通过宣讲，对村民进行普及宣传。还可以利用暑假时期，鼓励大学生积极参加家乡建设，组织村里大学生进行乡村服务、入户调查等。在村委干部的选举上，通过自荐和选派等方式，通过村委会决定选举结果。

在经济发达乡村地区，各项基础设施比较完善，资源丰富，村民行使权利和法律意识较高，乡村干部工资水平与基层公务员工资水平相持，在乡村治理的过程中逐渐走向城镇化，现代化水平甚至优于某些不发达城市。在这样的地区，自治制度已相当完善，法治和德治也在不断提高，随着治理的深入，还应加强科技的融入，将科学技术运用到乡村现代化上来，例如党建App、学习强国等，使党员干部能够及时更新知识库，了解国家大政方针。同时，也应该注意德治的培育，由于现代化较强，一些感性的东西逐渐湮灭，越来越程序化。因此应加强价值观的输入，吸收优秀传统文化的内涵，在继承的基础上推陈出新，使治理更具人情味，使"三治"更好地融合。

其次，建立完善党的组织机制。党的领导体制将其他村民组织和社会组织也统一于党的建设过程中，共同置于党的领导之下。村委会、村民代表大会以及其他社会组织和团体也属于党的组织的一部分，统一在党的领导之下。这些组织在实施具体任务时可以分别利用自治、法治、德治或者两两结合的方式进行治理。建立一个完善的阶梯责任制，从中央到地方再到村级层层递进，分别负责不同治理资源的落实和治理职责的分工，使党组织机构能够层层把握治理方向，给予治理资源，保障人民权益，这就把党作为"指南针"的作用凸显出来。在党的统一领导下可以使所有组织一同发挥作用；使自治更有活力，提高人民参政议政的热情；法治更有效力，实施更为规范，人民也能更好地行使自己手中的权力，使德治当中的乡规民约更加规范，法律制度也更加具有人情味，自治将会发挥最大作用。比如，石家庄市鹿泉区，把制定好村规民约作为建设试点示范县的重要内容，制订下发《关于做好村规民约和居民公约工作的实施方案》，明确了行动纲领，制定了务实有效的贯彻落实举措。区委、区政府负责人来指挥，乡镇党委政府负责人主动下基层，有针对性地制订部门及本乡镇（区）实施方案，村"两委"负责人把群众充分动员起来、整合起来。每个村结合各自实际，均制订了具体落实方案，真正让村民成为村庄治理的主体。

最后，党是我国具有中特色社会主义事业的领导核心，是我们乡村治理现代化的"指南针"，坚持党的领导核心地位，理顺村"两委"之间的关系，才能灵活解决乡村问题的多样性和复杂性。第一，要明确村党支部的领导核心，在思想、政治和组织上的领导作用，推进村级民主选举、民主决策、民主管理、民主监督，同时要负责村干部和管理监督以及自我管理监督。第二，村民委员会要接受村党支部领导，为本村生产和发展服务。第三，村党支部对村民委员会要敢于领导、善于领导，支持、监督村民委员会依法履行职责；村民委员会要置于村党支部的领导之下．积极主动地做好职责范围内的工作。村"两委"成员要自觉维护村党支部的集体领导和班子团结，积极主动地做好分管的工作，共同把村里的事情管好、办好，才能真正推进乡村自治、法治、德治建设的融合发展，以及三者的制度互嵌，促使乡村走向现代化道路。

2. 提升政府的服务能力

基层政府作为国家政策实施的"最后一公里"，其管理能力直接影响着乡村治理的发展方向和发展进程。转变乡村政府的角色，将传统"管理型政府"转变为"服务型政府"，树立为人民服务的意识，提升服务意识，使政府配合党委充分发挥引导作用，理顺村"两委"之间的关系，有利于提升乡村治理效能。

理顺政府的角色定位。村委会与村支部是被领导与领导的关系，村委会是在村支部的领导下，贯彻党的各项方针政策。乡镇政府与村委会之间，是一种指导与被指导的关系，随着城镇化的催化，乡村镇政府的职能由"指导"逐渐转向"服务"，这意味着乡镇政府应该发挥服务职能去辅助乡村自治建设。要加强乡镇政府对自身的认识，给予自身准确定位，转变管理型政府的角色和职能定位，建立服务型政府，为村民自治营造良好的外部环境。

转变乡镇政府工作职能。由原来全面管理模式转变为管理政府应该管的事。比如乡村的部分基础教育和医疗卫生，可以从繁杂的事务中脱离出来，推进"放管服"改革，使政府可以集中精力去做政府应该做的事，提高行政效率，提升服务水平和服务质量。找准自己的定位，做到不"越位"也不"缺位"，真正地做到服务人民。

3. 强化落实村民主体地位

乡村下的"三治融合"乡村治理体系应该加强村民主体地位，依靠乡村法律制度保障村民的主体性结构，让村民真正成为乡村治理中的核心力量。

坚持立法先行，构建一个系统完善、结构协调、层次分明的乡村法律制度保障体系。

（1）完善相关法律切实保障村民在乡村治理中的合法地位与权益。在立法层面将村民列为乡村治理法制化的重要主体，尊重农民这一主体地位和首创精神，将村民法益时刻牢记于心、置于首位，禁止以损害村民法益为条件换取乡村经济短期内的增长。

（2）提升村民法治素质水平，促进对村民独立人格意识、自由权利意识及强烈的村务参与意识的培养，使村民认识到自己是乡村的主人公，在乡村治理环节中的地位至关重要。

（3）将村民视为乡村法治宣传的首要对象，在乡村定期开展问卷调查，认真总结、分析村民对于乡村法治的具体意见、建议，提高村民治理乡村的自觉意识，使村民集体为乡村治理提供智慧源泉。

（4）我们也要重视民间法、习惯法等软法在乡村治理中发挥的作用。以村民为主体就要做到使每个村民的权益受到同等对待。现代乡规民约弥补了古代国家法对于村民主体地位的遗漏之处，因此需要发挥类似于乡规民约等软法对于村民主体的保障作用，从而鼓舞村民积极投身于乡村现代化的建设中去。

4. 实现自治法治规范衔接

乡规民约体现的是居住在本村庄中所有村民的共同意志。不论是经济发展水平高的乡村或者是物质生活条件差的乡村都存在由本村村民依照传统文化风俗，共同制定、共同遵从某种行为规范的习惯。国家法律法规作为规范整个国家与社会的纲领，具有原则性与普遍性的特点。普遍性的特点就导致国家法不能顾及乡村社会中出现的某些特殊情况，乡规民约的制定为国家法对基层社会的控制起到补充作用。对于个别村庄出现的"乡规民约大于国家法律法规"的乱象，国家正式法要及时对乡规民约加以引导、改造，实现乡规民约与国家法的有效衔接。乡规民约应在遵循法律法规的基础上，根据当地村庄道德习惯、风俗文化制定出符合本村庄特色的村规民约，使村民做到自愿遵守乡规民约以此来约束规范村民的生活行为。

落实村规民约审查监督制度。乡规民约作为村庄内生的秩序机制之一，其制定主体必须是在村庄居住且对村庄实际情况比较了解的村民。乡规民约的制定，首先由乡镇政府为村庄提供示范性文本，村"两委"在充分吸收民意的基础上组织村民进行讨论协商，最终制定出的乡规民约要经过全体村民的举手表决通过方能实施。除此之外，乡镇政府应定期对乡规民约的执行与实施情况进行审查监督，也可以聘请专业的法律人才对乡规民约进行把关，发挥乡规民约在基层社会治理中"民间法"的作用，避免在具体执行过程中走形变样，搞形式主义，保证乡规民约在程序与实体上的民主性与法制化。要将乡村治理中出现的新问题与新情形纳入乡规民约的规范范围内，更新现有乡规民约。

5. 法治建设推动基层自治

民主与法治具有密不可分的关系，离开民主的法治不是真正意义上的法治。

（1）加快对村民群众自治事务的程序范围做出具体规定，结合乡村实际发展情况优化完善不合时宜的条文规定。在选举资格与监督方面，对于乡村村民流动性大的问题，可以附加条件：参与选举须持有选举村所具备的选民证方可，从而杜绝重复参选的现象；设立专门监督机构对村庄选举情况予以监督。完善村委会自治章程，重新认定村民的权利界限，以维护长期在外务工人员的切身利益。

（2）发挥乡镇政府在基层民主自治中的监督作用。保障村民依照法定程序进行民主选举，对候选人进行严格把控，保证推选出的候选人是符合实际条件的。同时也要做好选民登记工作，确保整个选举过程的公开透明。与此同时，乡镇政府设置村庄检查站，接受来自乡村群众的举报监督，严肃处理选举中经查明证实的违法行为，包括村委会成员徇私枉法、村民贿赂选举等行为。

（3）加强司法对乡村基层民主权利的保障力度。基层司法机关只有做到在乡村治理中公正司法，乡村基层群众才能做到依法办事，养成自觉守法的习惯。司法机关对乡镇政府的行政行为进行司法监督，防止乡镇政府非法干预村庄自治事务，严惩随意干预村民自治的行为，促使其做到依法行政。法院方面可以酌情放宽受理有关村民自治方面的违法案件的标准，为村民群众提供相应救济。加强乡村法治宣传力度，可以将部分乡村法治宣传工作交由司法机关一同实施，司法机关通过议案释法、讲解案例、回答村民有关法律问题，使其学会适用法律维护自身权益。

（四）强化互嵌式治理制度

1. 以自治为基实现"三治"良性互动

自治是乡村治理的基础，由于我们国家地区发展不平衡，自治化程度也不一样，法治和德治在乡村治理过程中的参与程度也不一样。

（1）加强党的领导。在自治能力较差的乡村，党的领导有助于把握乡村治理方向的正确性。要完善村"两委"的制度机制，并且形成党的监督和村民的监督。完善各种党委领导下的其他村民组织形式，制定严格的党的领导下的运行机制，来保障村民权益。

（2）加强村民自治创新化。将村民自治模块精细化管理，创新治理方式，鼓励为主。例如，河北省石家庄市鹿泉区依托网格化管理，将每个村划分为不同的片区，党员作为三级网格员，根据各村实际情况包联 10～20 户，负责所包片区内村规民约的执行情况监督。网格员时刻关注所辖片区内的好人好事和违反村规民约案例，并经过实地走访了解情况后在系统中进行记录、更新红黑榜，定期在村内公布。村内形成了一种以遵守村规民约为荣、违反村规民约为耻的舆论氛围，激发了村民的主人翁意识，充分激发了自治活力。

（3）打造多种参与渠道。由于治理主体多元化，乡村的空心化，不少村民不在村中，无法行使自己的权利，村委会应转变思维，团结其他社会组织利用先进科学技术，构建互联网参政议政平台，使村民即使身在外，也能建设家乡。

自治、德治、法治是"三治融合"治理体系的三要素，"三治融合"治理体系，其根本治理着眼点就是将三治互嵌融合。借鉴"桐乡经验"[①]，结合实际情况有效村民自治与依法治理、以德治理互动融合，不断总结经验，不断完善制度，并且紧跟时代，利用现代科学技术，让自治主体、法治规范、德治文化迸发出新活力。不断将"桐乡经验"推广，因地制宜得到治理效能的提升。必须推进自治、法治、德治有机融合。在自治的同时，加强法治在治理中的约束作用，加强德治在治理中的引导作用。通过健全自治体系，为法治营造参与环境，挖掘乡村社会中的道德力量和乡规民约，统筹发展。

2. 弥补法治制度缺陷改善治理效能

乡村的法治也是近些年来才被重视起来的。法律的条条框框，对于文化知识水平不高的村民来说，生涩难懂。

（1）发挥乡规民约的作用，德治中蕴含的乡规民约又弥补了法治的缺陷，用柔性的方式，从思想上教化村民，使村民能够自觉地习惯性地参与建设乡村，通过一些形式的文化教育，比如文化长廊、红色电影、文化演出、法治宣讲等，找到村民对于乡村的认同感归属感。

（2）对于乡村治理的主体。第一，加强法律的宣传，形成法律共识。①引导村民尊法、学法、守法、用法；发挥党员干部带头作用。党员干部先学法，懂法，然后向村民授法，深化村民对于法治的理解。②引导乡村群众形成知法、守法的习惯，用法律维护自身权益。在村民日常生活中，形成一种学法、守法的氛围，引导村民通过法律化的方式来行使权利。

第二，提高村干部的法治意识。①健全村干部问责制度，规范干部自身的行为，培养法治意识；②健全对村干部的监督机制，使其依法行政。党内监督、自我监督、村民和其

---

① 桐乡是"自治、法治、德治"三治融合发源地，在 2013 年开始，桐乡在全国率先探索开展的自治、法治、德治"三治融合"基层社会治理模式。

他组织社会团体的监督；③建设执法队伍，严格执法、公正司法，强化监督。

第三，完善法律服务体系。①完善乡村法律机构建设，推进落实法律援助，形成用法律手段处理村民日常矛盾与纠纷；②创新法治宣传教育，开展法治讲座，利用新媒体和信息工具进行法律知识的宣传，用通俗化的语言把法律条文转换成易于交流的乡间俗语，将优良的风俗习惯具体化为合法化村规民约。引导村民利用法律维护自己的权利，把"法治"和"自治"结合起来。

加强廉政文明建设，这既是法治的方面也是德治的方面，建立监督机制很有必要。要充分保障村民的知情权、参与权、表达权、监督权等。

3. 引导德治制度创新重塑治理文化

德治在我国国家治理的实践中有很深的渊源，国家重视德治，重视培养社会文化，本身厚植于传统优秀文化的沃土，在此基础上结合时代的新要求不断创新发展。

（1）践行社会主义核心价值观，扩大社会主义核心价值观在乡村治理过程中的影响，使村民建立一个正确的人生观、价值观和世界观，提高村民认识世界、认识问题的能力。同时，让社会主义核心价值观引领优秀的乡风民俗，使乡风民俗注入时代的活力创新发展，通过让传统的东西进行挖掘，通过建立旅游基地，一方面拉动了乡村经济发展，一方面促进乡村发展的道德秩序的建设。引导乡村治理科学、健康地发展物质文明和精神文明协调可持续发展。

（2）制定德风文明的鼓励宣传方式。以韩国"新村运动"为例，奖优惩劣。开展各种体现乡村文明的文化活动，通过物质奖励和精神奖励，鼓励村民积极参与自治，从而形成一种积极向上的氛围，对于优秀个人、优秀家庭、优秀干部、优秀组织进行评选奖励，对于不积极参加的进行说服教育。在基础设施上，可以通过村图书馆、村史馆、村文化广场等开展活动，利用新媒体渠道如抖音、快手等拍摄体现乡村文明的内容，以达到宣传的效果。

（3）积极引导多元治理主体发挥各自优势。党员干部领导是关键，村"两委"干部积极带头，以身作则不断学习更新自己内在的知识理论，展示模范作用。对于大学生、村里精英、杰出村民（这里指之前在本村居住，后因各种因素取得很大成就不在村里居住的优秀人士）等，有一定的知识文化、能力强、有影响力的人群，发挥其示范的作用。其他团体、工会、妇联等积极组织文化活动，弘扬符合时代发展的道德文明。

（五）完善基层法治机制保障

1. 落实乡村法律实施有效性

乡村治理有效离不开乡村的依法治理，而乡村依法治理的关键在于法律的有效实施。

在这个意义上，健全涉农立法机制、规范乡村依法执法与落实执法监督机制以确保乡村法律的有效实施，对于提升乡村依法治理水平与法治文明建设具有重要意义。

（1）健全涉农领域立法机制。立法应该考虑到乡村的实际情况，在立法前采取多种途径与手段做好立法的调研与论证工作，使立法具有前瞻性的特点以保证制定出来的法律准确反映村民的现实需求，有效解决村民日常生活中遇到的问题。根据乡村治理情况，对已有的法律法规进一步加以完善，增强村委会选举、土地流转、征地拆迁补偿、生态环境等乡村治理方面的法律法规建设，使法律法规更具有指向性与可操作性。

（2）规范乡村依法执法。①形成科学合理的执法体系。建立以乡政府为核心，联合村级组织及村干部等执法人员在内的乡村综合治理体系。加强基层执法队伍建设，严格考核乡村治理执法队伍，借助考核方式提升乡村执法队伍的能力与水平。②严格限制执法人员的职责，避免出现滥用执法权、违法执法等损害法律在村民心中公正形象的行为。基层各级干部要做到带头遵纪守法、依法执法，起到模范带头作用。对于基层干部的违法违规行为，要严格追究其法律责任。利用制度的约束力规范基层执法人员的执法行为，保持对法律的敬畏感。

（3）落实执法检查监督机制。乡村法律在整个实施过程中，村民受执法不公的影响最深，意见也最大。基层执法人员有法不依、执法犯法的根本原因在于监督机制在乡村中未能有效落实。因此，要建立健全乡村执法工作投诉、举报及惩罚机制，持续推进网格化管理，及时吸纳村民对于乡村执法过程中的意见建议。此外，乡镇领导也要做到深入基层，通过询问、调研、座谈会、听证会等方式了解村民对于执法人员工作的感受，对于村民反馈的问题要及时调查，执法存在问题的，及时进行纠正；执法没有问题的，要耐心向村民解释执法原因以促进乡村法律的有效实施。

2. 提高公共法律服务满意度

健全乡村公共法律服务是解决乡村法治配套措施落后和乡村法律服务机制不充分的重要举措。

（1）对已存在的乡村法律服务资源进行整合，加快构建和推进乡村公共法律服务体系建设。乡村已存在的公共法律服务资源具体包括人民法庭、司法所、派出所及人民调解委员会等，这些部门本应该承担着基层政府的法律服务职能，但因为他们各自发挥的作用与功能的不同以及提供公共法律服务方式的各不相同，导致这些部门在实际操作中各行其是，难以达成协调合作关系。因此，要利用整合已存在的资源，建构和谐一致、配合得当的法律服务体系，旨在实现乡村法律服务供给利益最优化。

（2）基层政府引进市场化法律供给服务。随着法治政府、法治社会及整个法治国家的基本建成，法治将渗透到乡村生活的方方面面。在物质生活条件较好的乡村，基层政府可以为乡村引入市场化的法律服务。例如，可以聘任专业的律师担任本村的法律顾问，定期到村庄里值班，为村民提供法律讲解、法律咨询及法律培训，必要时为村民的司法诉讼担任代理人。

（3）发挥社会中各团体组织的力量为乡村提供法律服务。其中，社会组织和志愿者服务队伍为乡村法律服务起到了重要的补充作用。基层政府在对外购买法律服务的同时，由社会组织承担其适合提供给村民的法律服务，鼓励志愿者加入到为乡村提供法律服务的队伍中来，无偿为村民担任法律顾问及开展法律援助等服务，认真做好法律宣传、调解工作，不断提高村民知法、守法与用法意识。

（4）我国的公益律师制度是国家为保护弱势群体的合法权益实行的一项法律制度。乡村法律服务从数量与质量两个层面均无法与城市相比，再加上在乡村采取法律途径维权具有成本高、难度大的特点。此时，乡村法治建设需要发挥公益律师的法治作用，为乡村村民提供低成本且有保障的法律服务。公益律师制度有效缓解了乡村供需失衡的法律资源。另外，在乡村内部培养法律明白人以完善乡村自我服务。乡村自我服务也是基层自治要实现的一个重要目标，定期开展法律知识与职业技能培训，造就一批懂农业、爱乡村、爱农民、乐于在乡村扎根的法律明白人，提供及时的且令村民满意的法律服务。

3. 加强乡村法治文化建设

乡村法治文化是基层治理法制化的灵魂所在，实现基层治理法制化的有效途径之一在于乡村法治文化的建设。

（1）加强乡村治理主体法治教育。治理主体的重点在于乡镇领导干部，他们既是乡村政策实施的决定者，也是监督者，在一定程度上决定着乡村治理的发展水平。于是我们可以对乡镇领导干部进行法治培训，并将法治能力作为年终考核和职位晋升的标准之一。培训内容要从乡村实际情况出发，围绕与村民密切相关的生产生活问题进行法律知识培训。

（2）乡镇政府可以联系地方司法部门，在乡村设立法律援助工作站、建立法律援助工作点，制定系统的法律援助制度；实施乡镇政府购买法律顾问服务的政策，就村民日常关心与常见的问题释疑解答。

（3）加强法治文化宣传教育，在乡村弘扬学习社会主义法治精神，促进社会主义法治文化建设，争取让每个人习惯以法治为日常的生活方式。在乡村日常生活中，自觉运用法治理念与法治思维方式分析问题、解决问题，维护自己的合法权益，使村民成为乡村法治的自觉拥护者与捍卫者。

（4）最重要的是让村民认可、信任法律，用实际行动让村民相信法律面前一律平等。法律作为乡村社会秩序与公平正义的最后一道防线，只要你的利益主张合情合理合法，法律必将做出公正合理的审判，不冤枉一个好人，也不会放过一个坏人。只有做到严格依法办事，严惩违法乱纪、执法犯法、侵犯村民合法权益的行为，才能使村民从心底相信法治，法治意识才能真正在乡村落地生根。

第五节 乡村治理的绩效评价体系研究

推动乡村振兴离不开一个有效的乡村治理体系。治理有效是乡村振兴战略中的重要内容，而良好的乡村治理离不开乡村治理综合评价体系的建设。乡村治理综合评价体系的构建如下：

一、评价方法及指标选择原则

在建立乡村治理综合评价体系时，一个合理的指标权重体系能够更加真实地反映现实情况，具有更好的参考价值。现有研究中，权重选取方法有许多种，如采用熵值法对指标权重赋值；采取德尔菲加权法对指标赋权；采取主观赋权与客观赋权相结合的方法；采取层次分析法对指标赋权。

下面以采取层次分析法对指标赋权为例，解读乡村治理的绩效评价体系。采取层次分析法对指标赋权，特点在于能够在传统定性分析领域引入定量分析，解决了传统定性方法中主观性过强、不够精确的问题。对于各地乡村治理绩效的结果，也是通过问卷与专家采访相结合予以计算，在内容上也可以充分考虑各地方的特点。指标体系仅可作为参考，具体指标体系的应用与实施各地仍应按照自身治理情况予以灵活增减，以达到更好的评估作用。

二、指标体系的设置

层次结构模型遵循如下步骤：首先对研究问题分类，明确研究问题及其影响因素；之后通过系统分析，明确研究的层次结构，将系统问题转化成不同的层次。一般而言，同一层的因素受到上一层的影响支配，但同时支配下一层的影响因素。从上到下最高层是目标层，中间层为准则层，最底层为方案层。最高层为乡村综合治理绩效；中间层包括产业兴旺、生态宜居、乡风文明、治理有效及生活富裕五个一级指标；每一个一级指标下设相应的二级指标及三级指标。

三、评价体系指标权重

第一，构造判断矩阵。在乡村治理绩效评价体系的指标确定后，下一步应根据指标的具体情况设定各指标的权重。判断矩阵的科学构建能够有效避免性质不同的诸因素相互比较存在的困难，提高准确度。我们可以通过发放问卷以及访谈的形式对相关领域的资深专家进行咨询，得知他们对指标之间相对重要性的看法并予以记录和科学总结。这些专家可以包括乡镇政府有关工作的管理人员、乡村"两委"成员、普通村民以及研究乡村振兴领域的相关专家，只有充分结合不同领域专家的意见，才可以更加科学与有效地衡量各个层面上指标的相对重要性，这样判断矩阵的建设也更有说服力。

第二，层次单排序及一致性检验。判断矩阵构建完毕之后可以对判断矩阵求取特征向量以及最大特征根，从而得出各指标的权重，这样可以对单层次进行排序。在得到各指标权重之后还需要对其一致性进行检验，直到满足一致性才可以得到最终的判断矩阵。

第三，层次总排序及一致性检验。在得到各层次内部指标权重之后，进而可以根据层次整体在系统中所占比例得出各指标在系统中所占权重。在得到各指标权重以后，还需要进行总体一致性检验。各地区可以根据自身发展的特点，将自身经济社会发展的各个指标代入适合的体系中去，在乡村治理综合评价体系下查漏补缺、提升乡村综合治理水平给人民以更多福祉，才是评价体系建设的意义。

第五章

乡村振兴背景下的乡村治理人才队伍建设

第一节　乡村振兴与乡村治理人才队伍建设的关系

一、乡村治理人才的主要作用

第一，乡村治理人才能够推动乡村基层经济、社会、文化的进步。无论是乡村治理人才中的综合型人才还是专业型人才，在乡村基层经济建设、社会发展、文化交流方面的起到重要的作用。在经济建设方面，乡村治理人才大多是接受过高等教育的精英人才，掌握丰富的专业知识和现代化技术，了解经济社会的发展动向，能因地制宜地将专业技术与乡村社会经济发展有力结合，形成创造性的成果。在社会发展方面，乡村社会工作人才与基层政府积极配合，用专业的手段为群众提供社会帮扶。乡村法律人才能够缓解城乡法律资源不平衡问题，将法律公平地引入乡村，从而维护社会安定。在文化交流方面，乡村治理人才为乡村传播先进的思想，摒弃乡村的陈规旧俗，为乡村文化注入新的生机。

第二，乡村治理人才在乡村基层治理工作中起到统领全局、掌握方向的作用。乡村治理综合型人才是乡村基层治理工作的带头人，乡村治理综合型人才在工作过程中要根据实际情况对乡村基层治理的各项任务制订周密的计划，合理组织各类资源，整合多方力量，并对工作的全过程进行跟踪，以保证各项任务高效完成。

第三，乡村治理人才在乡村基层治理工作中起到"承上启下"的作用。乡村治理人才中的综合型人才是奋斗在乡村振兴一线的领导者和执行者。一方面，他们承接上级下达的任务，领悟政策精神，向群众宣传并解读国家以及上级发布的各项政策，同时将任务有力落实，并积极将实施过程中所遇到的问题向上反馈，从而保证政策"不走样"；另一方面，村党组织带头人在乡村振兴工作的实施中起到凝聚力量的作用，他们积极调动群众力量，发挥主观能动性，组织群众积极配合，筑牢群众基础。

二、乡村治理人才队伍建设

"队伍"一词指的是有组织的集体，乡村治理人才队伍的含义应为由综合型人才和专业型人才构成，彼此间相互协作，产生创造性劳动，并为乡村社会做出贡献的群体。

乡村治理人才队伍体现出的特点包括：①各类型人才在乡村治理工作中是相互联动的；②乡村治理人才大多是复合型人才，有的人身兼数职；③乡村治理人才队伍作为一个整体，其各组成部分的整体目标都是推动乡村经济社会发展。

乡村治理人才队伍建设是通过制定相关政策措施，整合内部与外部资源，促进乡村治理人才队伍的合理配置和使用，旨在培养和造就一支愿意为乡村做贡献的乡村治理人才队伍。"人才队伍建设关系到乡村振兴战略的实施效果，在巩固拓展脱贫攻坚成果的基础上，做好乡村振兴这篇大文章，培育乡村治理人才是一个重要环节。"①

（一）乡村治理人才队伍建设的必要性

1. 乡村人才队伍建设是乡村产业振兴的支撑

产业振兴需要大量以农业为主业，生产水平高，并且以农业为主要收入来源的农民；我国政府一直在进行各种方式的农业组织创新，包括新型合作社、农村专业技术协会、一、二、三产业融合、公司＋农户、公司＋基地等，所以产业振兴需要对农村新型组织、农业化产业联合体起启动、协调、推动作用的经营管理人才。

产业振兴要依靠"高、精、尖"的现代生产设备和"稳、准、狠"的现代科学技术，农业农村现代化呼唤农业科技带头人、产业科研领军人、先进设备应用人为农村的生产方式转型升级、生产水平的提质增效做支撑。

产业振兴还需要把握时代变化、分析市场前景，广泛借助"互联网＋"之力，离不开诸如农村电商人才、物流运输人才等作为新的协同力量，当前形势下，只有加强乡村人才队伍建设才能填补乡村产业振兴所需人才缺口，才能真正托举实现乡村产业兴旺和农民生活富裕的目标。

2. 乡村人才队伍建设是乡村生态振兴的依靠

实现乡村振兴，生态宜居是关键，良好生态环境是农村最大优势和宝贵财富。平衡经济发展与生态保护的关系，乡村"富起来"和"美起来"应该是互为前提的，推动乡村经济发展，既要重速度，重质量，更要保生态，乡村生态振兴需要绿色发展理念的传播，乡村生态振兴需要通过乡村人才队伍建设唤醒农民生态意识，让"人与自然和谐共生"的理念得到普及。

乡村生态振兴需要有外部农村环境的提升，一方面处理农村面源污染问题，建立环境治理长效机制；另一方面，外部环境的提升需要"生态宜居"的美丽家园，离不开生态景观、建筑景观、人文景观方面的人才去更好的设计和建设，当然，农村生态振兴在于实现农业农村产业的绿色发展，走可持续发展的道路，严守生态红线，鼓励农业生产中低化肥

---

① 陈冀鲁. 河北省乡村治理人才队伍建设研究 [D]. 石家庄：河北师范大学，2022.

的投入，变化学防治为生物防治，实现人与自然和谐共生，这个过程离不开农业科技人才。当前形势下，这类人才基数小，力量弱，只有加强乡村人才队伍建设才能为乡村生态振兴提供依靠，还乡村一片净土，承载乡村生态宜居的愿景。

3. 乡村人才队伍建设是乡村文化振兴的关键

加强乡村人才队伍建设，培育挖掘乡土文化本土人才，支持乡村文化能人，就是让文化拥有继承人。

加强乡村人才队伍建设，培养一批有担当的文化人，用创意激活经典、用精神引领风尚，用情怀推动乡村世界观、人生观、价值观的革新，做先进文化的传播者。

加强乡村人才队伍建设，培育挖掘本土乡贤道德模范，能够起到教化乡民、净化乡风的重要作用。还可以回引外出打拼而事业有成的新乡贤，其作为连接传统文化和社会主义核心价值观的纽带，能引导村民形成正确的价值观。当前形势下，加强乡村人才队伍建设才有华夏文明的接力者，才有文化自信和中国风采的精神担当。

4. 乡村人才队伍建设是乡村组织振兴的助力

（1）组织振兴需要更多的智慧支持，需要不断地增加人才储备。加强乡村人才队伍建设可以培养骨干，加强农村党员的培育和吸收，建强基层党组织党员队伍；可以用政策牌和感情回引大学毕业生、复原退伍军人等加入乡村组织队伍中，建强基层党组织带头人队伍；可以通过培养本土致富带头人、乡贤模范，激发基层组织干事激情。

（2）组织振兴需要组织力强化，需要不断增强人才能力。加强乡村人才队伍建设，能选拔出有能力、有号召力的组织干部为乡村发展掌舵和领航。加强乡村人才队伍建设，也是加强党员管理和思想教育，能更好发挥党员队伍对乡村的政治引领示范作用。

（3）组织振兴需要提高乡村治理能力，加强乡村人才队伍建设，能够集聚更多治理人才参与，各方高质量协同，推动乡村善治良序，保障组织振兴有力量。

（二）乡村治理人才队伍建设的要求

乡村振兴战略要求乡村治理人才有足够的能力胜任各项乡村基层治理的任务，这对乡村治理人才队伍的建设提出了新的挑战。

第一，在乡村治理人才引进方面，既要吸引外来人才又要召回本土人才，要秉承任人唯贤的思想观念，将有理想、有能力的人才引入乡村。

第二，在乡村治理人才队伍的管理方面，要因地制宜地管理并且因人施策。

第三，在乡村治理人才队伍的培训方面，要推动各相关单位相互协作，创造"一加一大于二"的效果，共同强化对乡村治理人才的培养。

第四，对乡村治理人才队伍建设的体系提出了要求。要完善乡村治理人才队伍的评价、激励、保障等体系，构建一支能留得住、干得好的乡村治理人才队伍。

（三）乡村治理人才队伍建设的内容

第一，提升"党管人才"的深度和高度。各级政府作为乡村治理人才队伍建设工作的决策和指挥中心，要做好统筹规划，真正把人才工作摆在核心位置，树立人才意识、明确工作责任，把握乡村治理人才队伍建设工作的方向。

第二，坚持人才工作的需求导向。具体内容包括：①要深入考虑地方发展现实情况。引才聚才的最终目的是推动经济社会的发展，因此，必须坚持与地方经济社会发展实际紧密结合，根据实际需要确定乡村治理人才引进的重点类型，使乡村治理人才能够最大限度施展才能。②要了解人才的不同需求，如收入、工作环境、社会保障、公共服务等，增强这些方面的建设，使人才的需求得到满足。

第三，完善乡村治理人才的管理制度。目前，乡村治理人才的评价制度、培养制度、考核制度等仍存在一定问题，制约了乡村治理人才的发展，因此，必须完善各项管理制度，使人尽其才，才尽其用。

第四，鼓励多元主体参与乡村治理人才队伍建设。乡村治理人才队伍建设需要组织部门主管，农业、财政、民政、人社等相关公共部门协调配合各项管理工作，同时，也需要农业企业、社会工作组织、高校、律师事务所等社会组织为其提供支持，共同形成乡村治理人才队伍建设工作合力。

（四）乡村治理人才队伍建设的理论依据

1. 政策科学理论

政策科学理论，又称政策分析理论，涉及管理学理论、博弈论、社会心理学、对策论、公共政策理论等多种理论基础。政策分析包含对政策信息的调研、执行效果观察、定量或定性分析、评价结果等的一系列过程。政策科学的目标是分析和研究政府制定政策的原因、内容和执行效果，总结出一套系统、科学的理论去协助政府制定更加合理的政策，解决社会的现实问题。

随着中国经济快速发展和对政策实践的需求，我国政策科学的研究内容不断深入，初步形成中国特色的政策科学理论体系。如政策科学必须坚持和促进社会的主流价值，必须以实现人的价值和尊严为前提，紧密联系和国家战略之间的关系，服务于国家战略；中国政策科学的发展对知识的需求是一种挑战，要认清政策科学和智库之间的支撑关系；研究中国政策科学理论，需要对政策分析的理论提供方法论基础，构建基于"两种知识"的政策科学知识体系。把握中国政策科学发展的内在逻辑，顺应中国特色社会主义进入新时代是推进中国特色政策科学理论发展、学科体系构建和政策实践的需要。

政策科学借鉴意义在于：①在乡村治理人才队伍建设过程中，要开展政策信息调研，确定其是否合理；②在人才队伍建设的政策施行过程中，要及时跟踪执行效果，看其是否顺利实施。同时，建立合理科学的反馈机制，及时考评和监督，这些步骤都是关系到乡村治理人才队伍顺利建设的重要保障。

2. 新公共管理理论

新公共管理理论，是对政府管理模式的改革。该理论以经济学为基础，提倡政府要治道变革，以公众的满意为服务导向，在方法上借鉴企业的成功管理手段和理念，做有事业心和预见性的政府，在协调运转中引入竞争机制以产出高效的公共服务。

该理论的核心理念包括：①主张政府在公共服务中以公众的需求为导向，以公众的满意为目标，提高事业心和预见性；②主张政府在公共行政中只需要做好管理理论、制定政策等"掌舵"之事，而具体操作、政策执行则交给私人部门等"划桨"之人，有效的政府应该是"善治"的政府；③主张在公共管理和公共部门人力资源管理上引入竞争机制，择企业部门管理之长提公共行政之效率与公职人员工作之质量。

该理论下的公共部门人力资源管理，新公共管理理论主张改造公务员制度，创新管理体制，用市场化理念指导公共部门人力资源管理，用人本思想实现公共服务满意度的提升和人力资源管理环境的优化，用定性和定量结合的考核机制，提升公共部门人力资源管理效率和公职人员的工作积极性和工作效率。

新公共管理理论的借鉴意义在于：①在乡村人才队伍建设工作中，党和政府要重视乡村人才的需求，以人为上的理念树立起良好的为民服务的形象；②对公职人员实施科学的管理，既要打破公务人员"只进不出"造成的工作效率低下，强化对其工作态度监督和成绩考核，提升工作积极性，在乡村人才队伍建设工作上真正做到有所作为，确保工作有成效，同时还要强化激励，实现乡村人才队伍建设工作者亦能人尽其才。

3. 人力资本理论

人力资本理论，将资本划分为两个类型：物质资本与人力资本。物质资本指譬如厂房、原材料、土地、货币和有价证券等；人力资本是指通过支出这类资本将价值体现在劳动者的身上，表现为劳动者拥有的各种技能、知识以及健康素质的存量总和。

人的自身能力的积累能够产生强大的经济效益。"人力资本理论源于人类对经济增长的强烈追求。"[①] 人力资本理论将人力资源视作经济、社会发展过程中最重要的资源，人力资本能够创造出物质资本无法比拟的效益。基于人力资本理论，认为通过培训、管理、待遇保障等投入，能够使其积累自身的资本，创造出符合乡村振兴战略目标的价值。

---

① 李永春，刘天子. 人力资本理论的发展及其公共教育政策的呈现 [J]. 教育与经济，2022，38（03）：73.

4. 乡村治理理论

乡村治理将治理理论与中国乡村实际相结合，也是对中国乡村发展规律的进一步把握。乡村治理目的就是要解决人才、资金等各种资源的合理配置。因此，要密切关注乡村人才、集体经济、社会等方面的管理，引进资金、技术，促进人才回流，实现农业现代化发展。

乡村治理人才是在乡村工作发展，具有一定的经营管理、法律技能或组织领导能力、从事社会工作能力，能够推动乡村治理体系不断优化，为乡村治理工作做出贡献的人，在乡村治理中占据重要地位。通过人力资本理论、乡村治理相关理论可以看出乡村基层治理对乡村振兴的重要性，同时，乡村治理人才队伍作为乡村基层治理的主体，在乡村振兴中的地位更加重要。要践行正确的人才观，利用人力资本理论通过投入培训、技术等对乡村进行人力资本开发，将乡村治理人才所拥有的知识、技能、能力等，经过一系列劳动活动得以实现，产生一定的社会经济效益。

5. 激励相关理论

激励理论是指通过一定的手段和管理方式，激发人的积极性和创造性，以期做出最大的成绩完成组织目标。包括如何满足人的各种需求、激发人正确行为动机的方式方法等。根据研究角度及侧重点的不同，激励理论大致分为内容型、过程型、行为后果型和综合型四大类。

第一，内容型激励理论。内容型激励理论，指针对激励的原因与起激励作用的因素的具体内容进行研究的理论。这种理论着眼于人们需要什么就满足什么，从而激起人们的动机。低层次的需要得到部分满足后，高层次的需要才有可能成为行为的重要决定因素；人的积极性需要激励因素和保健因素共同起作用；在人的生存需要得到满足的前提下，成就、权利、合群需要是人最主要的三种需要。

第二，过程型激励理论。过程型激励理论重点研究从动机的产生到采取行动的心理过程，主要包括人们采取行动的原因是对这种行为有把握地达到某种结果，且结果对他有足够的价值；强调报酬分配的合理、公平对人积极性的影响。

第三，行为后果激励理论。行为后果激励理论是研究如何对行为进行后续激励，主要包括 "强化理论"，是指对一种行为的结果作出肯定或否定（奖励或惩罚）来影响这种行为在以后发生的概率；"归因理论"，主要是研究人的行为受到激励是因为什么的问题。

第四，综合激励理论。综合激励理论是综合吸收了需要理论、期望理论和公平理论的成果，使激励理论更为全面、完善。

激励理论对于乡村人才队伍建设的借鉴意义在于：①壮大乡村人才队伍，其关键在于提升乡村满足各类人才不同需求的能力，党委政府要切实强化乡村人才激励保障机制，实施激励激发乡村人才活力，让乡村人才能够在乡村振兴建设中完成自我实现的需要；②做好乡村人才队伍建设工作，同样也需要在建设工作中实施激励机制，奖优惩劣提升工作效率。

三、乡村振兴与乡村治理人才队伍的关系

（一）乡村治理人才队伍建设是乡村振兴战略实施的基础

乡村振兴战略力是解决"三农"问题的综合性系统方案，乡村基层治理是进一步解决一切问题的关键。

第一，乡村治理人才在乡村振兴战略中起到良好的宣传作用。乡村治理人才是一批学识丰富、技能过硬、见识远大、敢想敢干的高质量人才。乡村治理人才一定要拥有较高的思想觉悟和良好的政治素养，了解国家的方针政策并且能够担当起时代的新使命。此外，他们还为人民大众读懂国家政策方针、普及法律知识、普及农业乡村现代化理念提供最直接、最容易接受的途径。

第二，乡村治理人才在乡村振兴战略中扮演着"领头雁"的角色。乡村治理综合型人才在思想上和行动上引领农民群众积极参与公共事务，使农民群众在思想上和行动上沿着正确的道路与党和国家的政策路线保持一致。乡村治理专业型人才利用专业技术和知识为乡村产业提供经验和指导，帮助解决乡村集体经济方面的问题，调解乡村土地承包纠纷，引领集体经济发展；在乡村社区服务、贫困帮扶等方面提供专业支持；为农民群众提供法律知识的教育培训以及对乡村法律问题的进行调解，引领群众知法、懂法、守法，推进文明乡风的建设。

总而言之，乡村治理人才队伍建设能够保障乡村基层治理效果的优化。乡村振兴成效的优劣首先体现在乡村治理方面，乡村治理是靠乡村治理人才推动的，因此，建设优秀的乡村治理人才队伍是我国目前最关键的任务，这也是乡村振兴目标实现的动力之源。

（二）乡村振兴为乡村治理人才队伍建设提供检验标准

推进乡村治理人才队伍建设最重要的是进行乡村的人力资本开发，乡村治理人才队伍建设为推动乡村振兴打下坚实的基础，反之，乡村振兴也为乡村治理人才提供了事业平台，并验收其工作成果。

第一，乡村产业、经济的振兴为乡村治理人才队伍建设提供检验标准。乡村治理综合型人才在乡村基层治理工作中起引领作用，乡村经营管理人才是发展乡村集体经济、推动乡村产业发展的主要力量，这些人才在推动乡村经济发展，引领农民致富的工作上起到重要作用。只有建设一支能力强的乡村治理人才队伍，乡村振兴工作才能有效推进。因此，乡村产业、经济发展的成果能够有效反映人才队伍建设工作的情况。

第二，乡村社会的发展对乡村治理人才队伍建设进行检验。乡村治理专业型人才队伍

中乡村社会工作人才对乡村的社会救济、增进社会福利等方面贡献力量，同时，乡村法律人才为实现乡村法治社会做出努力，这些人才队伍是乡村社会和谐稳定的保障者，因此，乡村社会的和谐稳定程度为乡村治理人才队伍建设提供标准。

第二节　乡村振兴背景下的乡村治理人才队伍建设成效

随着工业化和城镇化迈入稳步发展阶段，农业乡村问题越发严峻，乡村治理现代化也越来越被重视，关于乡村治理人才队伍建设的工作进程也逐渐完善。国家逐渐提高对人才资源战略性地位的认知，出台了许多有关人才建设的政策，同时各地方响应国家号召，因地制宜地采取了一定的政策措施。

一、乡村振兴背景下的乡村治理人才队伍建设相关政策

（一）关于乡村治理人才引进及选拔

不同的地区需要根据自身实际情况，对乡村治理人才中的综合型人才和专业型人才的引进和选拔提出要求，打破了以往人才引进规则的限制，出台了具有灵活性的政策。

第一，创新事业单位招聘的要求，提出乡镇事业单位可以按本单位实际需求灵活规定人才招聘的时间、考试形式、规模比例等，并部分解除了考生的户籍限制。

第二，在乡镇事业单位人员选拔政策上均规定拿出一定比例的岗位名额专门面向"两委"干部、退伍军人、大学生村官、西部服务计划的志愿者和社会工作专业人员进行招聘，同时加大力度从优秀村党组织书记中选拔公务员，增加了乡镇党委书记后备的比例，也扩大了选拔范围。乡村要保证平均每个村选聘并动态保持两名兴村特岗人员，有效缓解乡村治理人才后备力量不足的问题。

第三，关于人才编制，乡村治理规定对于乡镇事业单位招聘的以上工作人员予以事业编制，编制不足的单位可以向县级"人才编制池"申请解决。

第四，引导高校、民营社会组织等多元主体共同参与乡村人才队伍建设工作。鼓励农业企业等下沉智力资源。

第五，增强激励政策鼓励人才下沉。建立健全机关干部"下沉一线"长效机制，引导基层法律工作者主动服务乡村振兴战略，积极参与公益性法律服务活动。通过扩大乡镇基层法律服务所、乡镇基层法律工作人员的表彰比例来激励公共法律服务下沉。

（二）关于乡村治理人才管理和使用

第一，打破了职称评定"天花板"，扩大了乡镇事业单位高级职称比例。

第二，有针对性地配置乡村治理人才资源。乡村治理规定人社部门可设立机动岗位并

向偏远乡村提供人才帮扶。如提出统筹使用县域人才，鼓励从上往下跨层级调剂行政事业编制，推动资源服务管理向基层倾斜。

第三，完善乡村治理人才评价制度。部分省提出落实基层事业单位专业技术人员"定向设岗、定向评价、定向使用"政策。同时，全面落实村党组织书记"县乡共管"制度和村"两委"成员县级联审机制。

第四，增加乡村治理人才的培训频率。以市县两级党校为培训主体，强化对乡村干部队伍的培训，并适当提高培训频率。

第五，扩大培养本土乡村治理专业型人才的力度。通过培训等方式，着重对一线乡村治理人才普及社会工作、法律以及经营管理知识，提升其理论知识水平和专业服务管理能力。

第六，鼓励社会力量参与乡村治理人才培养。每年培养乡村户籍的涉农专业本科生定向到乡镇农业乡村机构从事相关工作，为乡村经营管理培育高水平专业人才。

（三）关于乡村治理人才的激励和保障

第一，对于乡村治理综合型人才的激励和保障方面。①落实边远地区补贴政策，落实乡镇工作补贴和艰苦边远地区津贴政策，确保乡镇机关工作人员收入高于县直机关同职级人员，村党组织书记、村"两委"成员报酬均有增加；②建立健全乡镇街道干部经济待遇、年度考核、提拔任用等激励关爱机制。

第二，对于乡村治理专业型人才的激励和保障方面，如制订高校农科生"订单式"培养计划，为"订单农科生"代缴学费、就业落实编制等激励政策。计划给予优秀社会工作专业人才落实事业编制。

二、乡村振兴背景下的乡村治理人才队伍建设取得的成效

随着乡村振兴战略的深入推进，我国各地认真落实乡村人才振兴相关政策，加快乡村治理人才队伍的培养，乡村治理人才队伍建设工作有了一定的进步，乡村治理人才队伍建设的工作也取得了一定的成效。

（一）人才引进举措不断增强

人才引进力度在逐渐增强，在人才引进的手段上也逐渐丰富。

第一，从乡村治理对乡村事业单位招考时间、形式、范围等政策的放宽，以及对乡村治理专业型人才激励政策的加大，可以看出乡村治理人才队伍中的各类型人才引进力度都在逐步提升。

第二，自乡村振兴战略提出后，我国各地区对乡村人才资源的竞争逐渐加剧，自媒体行业的兴起使人才引进的手段更加多样化，同时也扩大了人才引进的宣传范围。

（二）人才队伍培养力度不断增强

关于乡村治理人才队伍的培训方法，各地区都更加重视乡村治理人才的培训，同时在培训方法和培训力度上也逐步提高。

第一，各地区积极整合各类教学资源，依托各类党建平台、远程教育站点等教学设施，定期对各类型乡村治理人才开展思想教育、社会工作知识、法律常识等培训，使乡村实用人才及时了解政策、获取信息、掌握技术。我国各高校也纷纷加入人才振兴的培训队伍中，例如，清华大学社会学系的乡村振兴"领头雁"计划为推进乡村人才搭建线上教学平台，为各类型乡村人才提供大规模培训，力求打造"带不走"的本土人才队伍。

第二，将理论与实践相结合，由专业人员指导，进行现场培训，把课堂搬到乡村，把知识和技术送到乡村，使培训内容深入人心。

（三）人才队伍发展环境逐步优化

近年来，我国各地纷纷出台了有关人才队伍建设的优惠政策，如吉林省制定出台的政策文件，政策中涉及对各类型乡村治理人才的激励、保障措施，乡村治理人才队伍建设工作有了初步的指南。

针对乡村治理人才中的乡村经营管理人才，如乡村集体经济组织带头人、新乡村建设等领域的人才加大需求，加大政策倾斜力度，认真落实国家政策。人才发展政策环境的优化不仅为乡村进一步吸引优秀乡村治理人才奠定了基础，也为乡村治理人才提供了稳定的职业路线。

第三节　乡村振兴背景下的乡村治理人才队伍建设路径

乡村治理人才队伍中的综合型人才是有效实现乡村基层治理的主要力量，乡村治理人才队伍中的专业型人才能够用专业技能推动乡村产业、文化、生态的发展。建设一支能够满足乡村振兴需要的乡村治理人才队伍，有效解决"三农"问题，是当今我国乡村发展的重大目标。目前，我国已经实现了第一个百年奋斗目标，但现有的乡村治理人才队伍与乡村振兴的需求还具有较大差距。因此，乡村治理人才队伍建设工作还需要不断地探索。

一、明确乡村治理人才队伍建设的方向

（一）树立对乡村治理人才的正确观念

从思想观念上重视人才是乡村治理人才队伍建设的关键环节。因此，要从政府部门和农民群众两方面抓起，政府必须将乡村治理人才队伍建设中的各类型人才的发展摆在同等

重要的位置，农民群众也要认识到建设乡村治理人才队伍对于经济、社会以及农民自身利益的贡献，让乡村治理人才在人们脑海中扎根。

（二）加强党委的统筹推进工作

乡村治理人才队伍建设要深化党对乡村治理人才队伍建设工作的全面部署，统筹协调各部门工作以及各项资源，打造能担使命、促发展的乡村振兴基层力量。乡村治理人才队伍建设需要各级党委围绕乡村振兴的大局来推进人才工作，要明晰权责和任务，完善制度，严格规范乡村治理人才队伍建设的各项环节，加强指导，积极统筹协调各部门的工作，将乡村治理人才队伍建设工作的运行机制理顺。

第一，要将乡村治理人才队伍建设与乡村振兴战略大局相融合。各级各部门必须不断加强对乡村治理人才工作的领导，提升主体意识，将乡村治理人才队伍建设与我国乡村振兴战略的总体规划相结合，进行全方位考虑，创新乡村治理人才队伍建设的方式方法，正确把握人才的引进、培养、使用等环节，并加强政策的宣传引导，确保相关政策落实到位。

第二，要对人才分类施策。我国人才工作的经验表明，对人才的分级分类施策，能够保证人才资源充分有效地分配和利用，从而使人才促进乡村振兴。乡村治理人才队伍是多种类型人才的综合体，其中包括乡村治理综合型人才和专业型人才两大类。因此，要结合各地区的实际情况，根据不同类别人才的具体情况，分级分类施策。要根据各地区的实际需求，对不同类型的人才在引进渠道、管理环节、培养方式上有针对性地制定具有特色的人才政策，对乡村治理人才队伍进行精细化服务，力求将政策精准实施到每一类甚至每一位乡村治理人才身上。

（三）推进部门的有效合作

乡村治理人才队伍建设工作要将人才工作与乡村振兴紧密融合，且工作复杂繁重，这不仅需要党委把握好总体方向，还需要加强农业、财政等相关部门的分工合作，需要各个部门有效配合形成合力。

此外，要联动其他相关的公共部门与社会组织参与乡村治理人才队伍建设工作。相关的公共部门可以定期进行跨部门交流，整合各部门技术、资金、人力等资源优势。同时，可以采取激励的方式，吸引金融机构、高校、律所以及社会工作组织等积极参与乡村振兴工作，实现公私良性互动。

二、提供乡村治理人才队伍建设的支持工作

乡村治理人才队伍建设需要良好的群众基础、足够的资金支持以及各建设主体的协调配合才能保证各类乡村治理人才有效推动乡村经济、社会、文化、生态等方面的发展，因此，要为乡村治理人才队伍建设工作提供足够的支持，打好乡村振兴的根基。

（一）加强对乡村治理人才的宣传力度

做好对乡村治理人才的宣传工作是稳固乡村治理人才队伍建设的群众根基的关键，我国乡村人口的数量相当庞大，农民的支持是乡村治理一切工作的必要条件，因此要在农民群众中对乡村治理人才进行大力宣传。

首先，政府可采取拍摄并组织观看乡村治理人才纪录片的形式，将乡村治理人才的优秀事迹生动直观地展现给广大农民群众，让乡村治理人才的形象深入群众的内心。

其次，政府应定期组织各类乡村治理人才深入群众当中，为有需要的群众提供专业的社会工作服务、法律服务等帮助，用实际行动作为宣传的名片。增强对乡村治理人才的宣传力度，能够为各类型乡村治理人才创造关爱、尊重的氛围，增强乡村治理人才的获得感，鼓励人才为乡村振兴做贡献。

（二）健全多元管理服务体系

我国乡村人才管理工作一直都是由组织部主要负责，虽然相关各部门有所参与，但由于各单位、各部门的权责不清，出现了很多工作重复或无人做的现象，而且各单位的参与程度并不高，对人才管理服务工作产生了很多不利的影响。由于各单位所擅长管理的领域不同，对于乡村治理人才的有效管理更需要多个部门共同协作。

第一，严格明确乡村治理人才队伍建设的权责分工，统一工作标准，特别是乡村治理人才界定、选拔、培育、待遇等标准。同时坚持党委统一领导，组织部门牵头，人才、农业等部门积极参与，协调配合做好引进、培养、管理等工作。所有涉及乡村人才工作的职能部门都将是乡村治理人才队伍建设工作的主要部门，各部门应该加强沟通和交流，资源共享，共同为壮大乡村治理人才队伍提供各项组织力量保障。

第二，完善乡村治理人才市场化。引导高校、协会、人才中介机构等社会各界组织集中力量参与人才服务，积极与高校合作，开设党建类、中文专业等文科实习点，并吸收优秀的实习生进入乡镇党政人才队伍，组织乡镇的退伍军人、致富能手、大学生村官、三支一扶人员建立村党组织工作协助站，引导民政、妇联等部门积极建设社会工作人才引进、培养工作站，组织乡镇"土专家""田秀才"等成立乡村经营管理人才工作站，培养乡村"法律明白人"，建立法律咨询服务工作站，解决乡村治理人才供给不足、比例失调的问题，提升乡村治理人才相应素质能力。

（三）加强资金扶持力度

乡村振兴最重要的是产业、经济的振兴，乡村治理人才队伍作为促进乡村的产业、经济发展的重要力量，需要足够的资金来保障人才引进、管理、培养等方面的工作。然而，由于我国大部分乡村的经济基础薄弱，导致公共部门没有足够的财政能力为乡村治理人才搭建施展才华的平台。因此,增强资金的扶持力度显得尤为重要。首先,国家应增大政府购买力度,并找准不同地区的乡村治理人才需求缺口,以政府购买的方式有针对性地对不同类型的乡村治理人才引进。其次,各地区可通过与企业合作的方式进行融资,将资金作为乡村治理人才队伍建设的专项资金。各地区可以根据自身的特点,吸引知名企业与乡村合作,例如,可利用特色农产品优势,与农产品品牌方合作,或利用网络直播平台进行特色农产品销售。通过加大政府购买力度以及地方融资等方式为乡村治理人才队伍建设提供专项资金,有效保障了乡村治理人才的发展平台,保证了基层治理工作有序开展。

三、完善乡村治理人才队伍建设的管理机制

打造一支具有高度稳定性、协调性的乡村治理人才队伍是实现乡村振兴战略的基础,乡村治理人才队伍建设好才能将乡村基层治理好。乡村治理人才队伍建设是一项长远的工作,乡村治理人才队伍建设的工作目前仍处于不断探索的阶段,仍然要不断改进以满足乡村振兴战略的需要,因此建立健全乡村治理人才队伍建设的长效机制,使乡村治理综合型人才推动乡村"治理有效",乡村治理专业型人才助力乡村"产业兴旺、乡风文明、生态宜居"是目前的一项重要任务。

(一)完善人才引进机制

乡村振兴要求各类型人才队伍规模足够,结构稳定,因此,乡村治理人才队伍建设需要健全人才引进的长效机制,来保障优秀人才持续不断地向乡村输入,推动乡村产业的壮大、社会的安定、生态环境的优化。要根据各个地区的实际情况有针对性地制定乡村治理人才引进政策,在同一市县针对各乡镇在乡村治理人才队伍建设上存在的不同问题,按照其实际需求因地制宜引进不同类型的乡村治理人才,让乡村治理人才有效推进乡村振兴。

1. 完善综合型人才引进的政策措施

乡村治理综合型人才引进的政策措施要结合现有乡村治理综合型人才队伍的实际情况,柔性制定各类乡村治理综合型人才引进的政策。

(1)放宽乡镇公务员的引进标准。例如,国家可以针对各地区实际所需,对选调生招考条件进行柔性限制。我国乡村治理综合型人才的引进标准存在一刀切的现象,尤其体现在乡镇公务员的引进方面。我国基层选调生的招考标准是统一的,严格对应届毕业生、党员、学生干部等条件进行规定,可以根据不同地区现有乡镇公务员队伍的专业结构、性别结构等情况,在国家政策的基础上灵活制定符合地方特点的招考政策。

(2)拓宽乡镇事业单位、基层党组织人才、村"两委"干部引进的渠道及范围。例如,按实际所需,通过与高校合作引进乡镇事业单位、基层党组织实习生。若要吸引更多人才投入乡村建设,定期引进相应专业的实习生是一个有效渠道。此外,村干部的选拔范围集

中于"五老"①成员、回乡创业人员等本土人才，可以适当将外来人才引进村干部队伍中。

（3）做好乡村治理综合型人才的储备工作。要树立正确的工作理念，将思想作风以及群众满意度作为乡村治理综合型人才的重要标准，建立一支能力出众的乡村治理人才后备队伍。一方面，要注重与科研机构合作，聘请相关专家对人才工作进行专业的理论指导，并从高校中选拔高学历、高素质、专业对口的大学生到乡实习；另一方面，要注重从本土区域挖掘并培养真正了解乡村、热爱乡村的本土人才。

2. 完善乡村治理专业型人才引进的政策措施

（1）各地区各乡镇要根据本地经济社会发展的短板，确定乡村治理专业型人才的重点引进类型。例如，在产业发展落后的乡村，重点引进专业的乡村经营管理人才，联合企业等社会组织通过举办助农项目，引进专业人才"坐班式"服务乡村，推动乡村农业、林业、养殖业等产业的发展；在"空巢""留守"现象严重的地区，重点引进具有社会工作资格证的人才为乡村培养社会工作队伍；引进司法人员为乡村培育"法律明白人"，实现乡村普法工作的全覆盖。

（2）加大对本土乡村治理专业型人才的引进。开展调研摸清本土人才的数量、类型、专业、从事的产业等基本情况，真正遴选有技术、有能力、有经验的人才充实乡村治理专业人才队伍。我国乡村各类人才引进的标准长期局限于对高学历、高职称人才的引进，但乡村振兴也同样需要一批能力强的本土人才。例如，乡村治理人才队伍中的乡村经营管理人才也常常出现于本土的"土专家"，因此在人才引进的过程中不能只局限于引进高学历、高职称的人才，同样也要挖掘有潜力的人进入乡村治理人才队伍鼓励，在外工作的有能力的人才回乡。

（二）建立乡村治理人才的培训机制

目前，乡村治理人才队伍的能力素质较之前有明显的提高，但仍要紧紧围绕乡村振兴的目标，创新乡村治理综合型人才和专业型人才的培养机制，推动乡村经济的繁荣和社会的稳定。

1. 实行"政府主导，部门合作"的培训原则

在乡村治理综合型人才的培训方面，实行"政府主导，相关部门合作"的培训原则。

（1）各级党委要充分调动公共部门和非公共部门的积极性，将具有相关科研经验、实践经验的各类组织的技术和智慧有效整合，联合多元主体建立在理论与实践上与时俱进的培训平台。

（2）对乡村治理综合型人才进行分级分类培训，做好乡村治理综合型人才集中轮训

---

① "五老"是指老干部、老战士、老专家、老教师、老模范。

工作，保证各类乡村治理人才培训的质量。在乡村治理专业型人才的培训方面，要联合各类社会组织，如农业类高校、社会工作组织、律师事务所等，长期为乡村提供培训支持，形成乡村人才培养长期稳定支持机制。

2. 增强针对性的培训内容

乡村治理人才的培训要立足于乡村实际需要，根据各类人才的短板，对不同领域、不同岗位、不同素质的乡村治理人才"对症下药"，进行有针对性的培训。

（1）在乡村治理综合型人才的培训内容方面

第一，要对各类乡镇干部进行专业技能教育。乡村治理综合型人才是与群众密切联系的团体，这类人才肩负乡村产业、经济、社会、文化等方方面面工作的管理，因此，对这一类人才的培训内容要全面化、综合化，不仅要注重思想政治、组织管理方面的培训，还要将经营管理、社会工作、法律等专业技能融入培训的内容。

第二，对各类乡镇干部进行政策解读培训，帮助乡镇干部深入解读乡村振兴各项政策，推动乡镇干部整合各项社会资源，实现产业兴旺。

第三，加强乡镇干部治理能力的培训，提高乡村基层治理效率，使乡镇干部在乡村复杂的社会环境中仍具备有效处理问题的能力。

（2）在乡村治理专业型人才的培训内容方面

乡村治理专业型人才的任务是发展乡村经济、完善乡村社区建设、增进社会福利、提升乡村法制化水平。一方面，对具有专业背景的乡村治理专业型人才加强实践性内容培训。对于乡村经营管理、社会工作、法学相关专业的毕业生，应注重将现实案例引进培训课堂，并通过"情景演练"等方式，使这一类人才将理论与实操有效结合。另一方面，需要根据各地乡村振兴工作的不同进展，提出差别化且具有时效性的培训内容。各乡村的实际情况有所不同，对不同类型乡村治理专业型人才的需求各异。因此，要深入乡村治理专业型人才的实际工作中，针对人才需求设置个性化的培训内容。

3. 创新人才的培训方式

（1）在乡村治理综合型人才方面

第一，搭建乡村振兴实践平台。可以依据乡村振兴的20字方针，将培训细分为产业、经济、文化、生态、治理五个培训模块，分别依据这五个模块对乡村治理综合型人才的管理能力进行专题培训。

第二，采取"情景＋课堂"的方式进行实操性培训，并采取现场演练的方式进行实操性的培训。

第三，采取优秀乡村治理综合型人才到其他乡镇交流挂职的方式，形成互相学习、共同进步的工作氛围。

（2）在乡村治理专业型人才的培训方面

第一，采取多渠道培训方式，充分利用高校、企业等社会组织中的科研力量、网络平台等资源，并实行"线上＋线下""理论＋实操"相结合的培训方式。

第二，建立"基地＋课堂"的培训方式，建立乡村经营管理培训基地、法律课堂、社会工作培训基地等，扩大乡村治理专业型人才培训的覆盖面。

第三，创建本土乡村治理专业型人才课堂，利用专业的教育资源对乡村本土的农民进行专业培训，让懂农、爱农的人才推进乡村经济、文化、法治的发展。

（三）建立科学的乡村治理人才考核监督机制

1. 设立专项考核指标

科学的考核指标是检验乡村振兴推进效果的有力工具，要围绕乡村的经济、产业、文化、环境等方面的发展，建立符合乡村振兴规划的考核标准，从乡村治理人才的思想、素质、能力等方面来验收乡村振兴工作的成果。

（1）在乡村治理综合型人才方面，将乡村的产业振兴、经济振兴、文化振兴、生态振兴等方面纳入考核标准。分别赋予每项指标相应的分值，将乡镇各类工作分别归于这五个任务中，并根据工作难易程度评分，对完成重点工作的实行加分制，对基本的党风党纪考核实行减分制。此外，还要根据日常工作表现、工作能力、考核结果等设置灵活的进出机制，保证乡村治理综合型人才的整体质量。

（2）在乡村治理专业型人才方面，将专业理论素养、服务次数、服务时长、群众满意度等方面作为各类乡村治理专业型人才的考核标准。例如，乡村经营管理人才按照经营效益、管理水平等来评价，乡村社会工作人才和乡村法律人才按照定期的工作量、服务效果、群众认可度等进行评价。乡村治理专业型人才是乡村振兴战略的主要执行者，对乡村治理专业型人才的考核也就是对乡村的产业、经济、文化、生态等方面建设成果的验收。因此，将乡村振兴推进的效果作为乡村治理专业型人才的考核标准，对激励乡村治理人才工作，推动乡村基层治理水平现代化具有重要价值。

2. 建立多元主体的考核监督机制

乡村治理综合型人才的工作需要公众的共同监督，乡村治理专业型人才的工作也需要相关的社会组织进行专业评价，因此，要引入社会组织对乡村治理人才队伍建设工作进行考核监督。

尽快改变政府作为单一考核主体的现状，让第三方机构加入其中，形成自我评价、社会评价和专业评价相结合的综合评价方式，保证考核监督的客观性，同时也加强了乡村治理人才队伍建设工作的约束力度。

（四）完善乡村治理人才队伍建设的激励保障机制

在乡村治理人才的激励方面，首先，要实施物质与精神相结合的激励措施，在物质方面要根据乡村治理人才类型的区分设立专项奖励基金，在评选表彰时给予一定的津贴和奖励，并且在金融信贷、申报立项等方面给予政策倾斜；在精神方面，对于业绩突出、群众拥护的乡村治理人才进行表彰，增强人才的事业心和获得感。其次，将乡村治理人才评价机制与激励机制相结合，将乡村治理人才的评价考核结果作为衡量激励力度的标准之一。最后，要有针对性地进行激励，要根据本地区经济社会发展情况，对本地区较为稀缺的人才加大激励力度，鼓励其继续奋进，并吸引更多人才，弥补乡村治理人才缺口。

四、保障乡村治理人才发展的良好环境

对乡村治理人才队伍的工作环境、社会环境、公共服务环境进行优化不仅能为乡村治理人才提供良好的工作条件，使乡村治理人才的能力更好地发挥，同时，乡村也是广大农民群众共同生活的家园，生态、文化、公共服务等方面的改善也是推进乡村振兴战略的重要环节。

（一）优化工作环境

良好的工作环境能够影响乡村治理人才的工作激情和效率，乡村与城市工作环境的差距是人才流失的重要原因之一。因此，在工作环境上给予人才保障，是留住人才的第一步。

第一，为乡村治理人才提供良好的办公环境，必须大力提高乡村的办公环境，改善乡镇办公基础设施条件，为乡村治理人才提供良好的生活环境。

第二，加速乡村社会工作站、法律咨询工作站、乡村产业示范基地等办公场所的基础设施建设与完善，保障乡村治理人才舒适的办公环境。

（二）建设良好的社会环境

良好的社会环境是乡村振兴背景下乡村治理人才队伍建设的重要环节，要充分利用各种方式，净化人才发展的社会环境。

第一，大力宣传乡村治理人才的重要作用。一方面，要充分利用群众熟悉的媒介，宣传乡村治理人才在乡村振兴中的积极作用以及国家对乡村治理人才队伍建设的政策方针，提高乡村治理人才在农民群众心中的地位；另一方面，要加强对优秀乡村治理人才的表彰频率，增强乡村人才的使命感和事业心。

第二，创造良好的舆论氛围，营造良好的舆论环境。对于做出卓越贡献的乡村治理人才要在本地媒体设置人才专栏，给予乡村治理优秀人才重点表彰，宣传人才发展成果，在全社会营造尊重人才的氛围。

第三，利用法律手段，为乡村治理人才制定相关的法律保护条例，保障乡村治理人才的切身利益。

（三）提供优质的公共服务环境

乡村公共服务环境的短板，长期成为乡村人才引进的限制，良好的公共服务环境同样是乡村治理人才队伍发展壮大的重要影响因素。改善乡村治理人才的公共服务环境和公共服务水平是留住人才的先决条件。

第一，加快推动乡村教育领域的水平。教育落后是我国乡村地区最大的短板，完善基础生活保障才能留住人才。乡村治理人才队伍建设不仅要从外部引进优秀人才，更要从本地培养挖掘本土乡村治理人才，因此乡村的教育就显得格外重要。要通过与高校合作设置党政、法律、乡村经营管理、社会工作等相关专业的乡村专项计划，为乡村学子提供便捷的道路，吸引支教志愿者们参与乡村的教育事业，同时为乡村配备优质的教育设施，保障乡村的教育质量，为培养本土后备乡村治理人才打好基础。

第二，政府要为人才提供舒适的生活服务条件，完善公共服务基础设施，排除基本生活服务上的障碍。

目前，我国已经实现了第一个百年奋斗目标，未来乡村治理人才队伍建设要面对更加严峻的挑战。因此，必须从思想意识、公共服务的供给、长效机制的建立以及人才发展环境上多下功夫来探索更加有效的乡村治理人才队伍建设路径。要做好乡村振兴这篇大文章，培育优秀的乡村治理人才是非常重要的环节。

第四节　乡村振兴背景下的乡村治理新乡贤发展研究

一、新乡贤的特性及其回归逻辑

（一）新乡贤的特性

乡贤治村的传统从古流传至今，这是因为乡贤在乡村中具有较高的公信力，受到人们的普遍尊重。当村民之间发生冲突后，乡贤在其中起到调解作用。新乡贤就是生于乡土、长于乡土、愿意奉献于乡土，有德行、有能力，在村民之中具有高威信、好口碑的一类群体。此外，新乡贤作为一种乡村内部的非正式权威，是不处于国家正式制度之内的。新乡贤来源广泛、成分多样，准入条件比较宽松，只要在某一领域有突出表现，能够为乡村建设事业贡献力量的都可以成为新乡贤。

与传统乡贤不同，新乡贤主要"新"在：

第一，新的时代背景。乡村社会和乡村治理呼唤新乡贤的再度回归，协同参与乡村治理，重新构建乡村治理格局。在乡村振兴的政策大环境中，新乡贤在乡村治理领域的突出作为，可以不断丰富基层治理主体，完善基层治理格局。在城乡差距日益增加的今天，新乡贤回归并助力乡村发展有着独特的政治政策优势。

第二，承担着新的功能。与传统乡贤不同的是，新乡贤更加注重增强自身的能力要素，这种能力投射到乡村治理领域上，具体体现为高效化解纠纷、提高公共管理效能、不断促进经济产业发展、持续引领社会新风尚等。在村民自治的基层治理格局中，新乡贤作为一种柔性治理力量，能够不断发挥自身在法治、自治、德治等多方面的独特优势，继而达到治理有效的目的。

第三，创新乡村治理的参与渠道。新乡贤可以运用多元主体沟通合作的方法共同破解乡村治理困境，转而成为乡村治理中的协同参与者，补位而不越位，积极发挥辅助作用。新乡贤凭借自身的优势与资源，广泛而又深入地参与到民主决策、民主协商、民主监督等乡村治理政治领域的各个环节中，积极为乡村建设出谋划策。

（二）新乡贤回归的内在逻辑

1. 历史惯性

乡绅治乡在我国由来已久，作为乡村中国传统社会一种有效的制度设计，新乡贤参与乡村治理是对乡绅治乡的继承与发展，是对传统乡绅的内涵进行选择性的扬弃，不仅继承传播了优秀的乡贤文化，同时也吸取了新时代多元化思想和现代化理念，他们不断进行公共事务的管理、公共利益的维护和公共精神的弘扬，进而赢得村民的认可与信任。总的来说，新乡贤参与乡村治理是发轫于历史惯性，同时也具有社会主义特色的时代内涵。

2. 政策支持

新乡贤及其背后的充足资源在一定程度上能够有效激活乡村经济，成为经济增长的引擎。而且国家政策的引导为新乡贤返乡提供了有力的保障与支撑。新乡贤回归并助力乡村发展有着得天独厚的政策优势。

目前，多地政府纷纷出台了鼓励新乡贤回归故土的相关文件，并实施了各种"回巢计划"，为其创造了良好的创业就业环境，并提供物资、税收等多方面的优待政策。可以说，新乡贤作为乡村治理中国家所大力倡导的、必不可少的主体之一，它的回归是实施乡村振兴战略的必然选择。

3. 乡土情结

中国社会是乡土性的，乡土情结是中国社会所特有的，中国社会的农民对土地的依恋与对家乡的牵挂远远要超出正常水平。对于生于乡村、长于乡村的新乡贤，从小在耳濡目染中早已把传统观念内化为他们的个人思想，并体现在他们日后工作生活的方方面面。

荣归故里是每一个中国人心中绕不开的情结，新乡贤们虽远在异地他乡，却永远忘不了养育了他们的家乡，不论身在何方、从事何种行业，回报故土、为家乡的发展建设贡献属于自己的一份力量都是他们不懈奋斗的终极目标之一。

二、新乡贤参与乡村治理的实践

（一）成立新乡贤组织，打造治村平台

乡村高度重视新乡贤在乡村治理中的作用，充分利用当地丰富的新乡贤资源，在个人参与的基础上，积极鼓励成立新乡贤协会和由新乡贤组成的平安协会和文化协会等新乡贤组织，打造治村平台，邀请广大新乡贤参与家乡的治理和建设，推进"新乡贤治村"，创新乡村治理方式，从而实现乡村社会的"软性治理"。在乡村振兴建设这个重要节点上，乡村可以以新乡贤协会为纽带，鼓励每个自然组成立乡村振兴理事会，建立和完善村规民约，充分发挥新乡贤在促进乡村振兴中的作用。

（二）汇聚各方力量，壮大新乡贤队伍

第一，鼓励人才回流。将民间力量凝聚起来，为他们参与乡村治理奠定良好的基础。在市级的带动下，各个镇也积极组织本镇在外商家成立商会组织，并利用互联网等新兴技术加强新乡贤与家乡的情感联络，感染更多新乡贤回乡发展。

第二，不断优化营商环境，陆续出台了扶贫车间、旅游扶贫、现代设施农业、电商产业等一系列创业优惠政策，畅通回流渠道，吸引新乡贤们回家乡发展，共同推进乡村建设。对于捐款捐物的新乡贤，给予税收优惠。新乡贤可以通过见义勇为慈善基金会来捐款捐物，接着由县级落实税前扣除资格的认定和往上报送相关申请，再由自治区民政、财政和税务来统一办理，从而得到税前扣除，以此鼓励新乡贤返乡做贡献。

第三，乡村需要高度重视"乡情牌"的作用，市领导班子会对在外发展的优秀人才进行拜访慰问，同时充分利用中秋、春节等重要节假日，在他们返乡探亲的时候，组织召开联谊座谈会，向他们介绍家乡的发展优势和机遇，鼓励他们将新思想、好模式引回家乡，发展本地产业。镇党委政府也积极联系外出经商成功的新乡贤，定期登门拜访，召开座谈会、茶话会，向新乡贤们介绍本镇发展的新局面、新思路，引导新乡贤们积极参与到家乡建设当中。

第四，培育新乡贤。开展"感恩教育"主题活动以及一系列评选表彰活动，在全市各级行政层面上推举选拔一批先进模范或代表，如"道德模范""十大孝子""十大乡贤"等，培育一批新乡贤。此外，乡村需要支持成立以新乡贤为主体的各种群众自治组织，充分发挥他们参与乡村治理的积极性和主动性，让他们进行自我服务、自我管理、自我教育，

既为乡村工作提供了好帮手，也可以培养造就一批新乡贤。

（三）新乡贤参与乡村治理的成效

1. 返乡创业，带动产业兴旺

在保护和弘扬传统乡贤文化的基础上，还注重开发新时代的新乡贤文化，构建人才激励机制，出台创业和税收优惠政策，吸引新乡贤返乡创业，大力振兴乡村产业，让农民在家门口就能就业，将留守老人、留守儿童以及乡村"空心化"困境放在工作重心上，从根源上破解此类难题。

新乡贤在外创业成功拥有大量资金、技术等资源，回乡创业支持家乡的发展，促进了资金回流和人才回归，带动家乡产业兴旺，帮助人民增收致富，为乡村的建设发展注入了新活力。

2. 改善环境，促进生态宜居

随着生活水平的提升，人们对生活环境的要求越来越高。新乡贤积极投身乡村风貌改造，提高村民的满意度、获得感、幸福感。

在新乡贤的带领下，广大群众也充分发挥乡村治理的主体作用，积极参与乡村人居环境整治和乡村风貌提升活动，共同创建美好环境与幸福生活。

3. 引领风尚，助推乡风文明

新乡贤参与乡村治理是建立讲文明讲道德的新时代乡风习俗的重要载体，是推动乡村建设和发展的有力途径。在新乡贤的捐款、捐物和其他方面的大力支持下，乡村文化基础设施得到进一步完善，乡村精神文明建设也得到了大幅度的提高，随着一栋栋综合楼、一个个篮球场、一支支文艺队伍等公共项目的建设与成立，全市的村级服务中心逐步形成"1小时文化圈""10分钟社区服务圈"和"乡村10公里文化圈"等范围圈，极大地丰富了村民的精神文化生活。

4. 调解矛盾，推动治理有效

新乡贤不仅积极参与美丽家乡发展建设，通过多种方式进行扶贫济困，而且凭借自身在乡村的威望和所掌握的文化知识，化解乡村矛盾、解决纠纷，为提高乡村治理水平做出积极贡献。

新乡贤还和派出所联合，创新"乡贤文化＋警务"新模式。乡贤义警队在民警带领下不仅进行防火防盗、反电诈等法治宣传，还开展治安巡逻、疫情防控、护学岗等工作，警民联手织密社会治安防控网络，协助抓获各类违法犯罪人员。

三、乡村振兴背景下的乡村治理新乡贤发展对策

（一）加强新乡贤自身及监管体制建设

1. 明确新乡贤的角色定位

在乡村社会中，新乡贤作为乡村建设的重要力量，要明确自己的职责，理清自身角色。要以辩证的眼光看待自己。新乡贤要改变传统权威治理思想和社会治理者思想，清楚自己是通过自身掌握的资本参与乡村治理，为乡村治理提供建议与技术性支持，为乡村发展注入新鲜活力，促进乡村经济发展，利用自己的人脉和在村民中的形象为乡村化解纠纷和提出解决对策，凝聚乡村力量，维持乡村稳定秩序，宣传当地乡风文化、乡村美德，建设乡风文明。

2. 强化个性化教育

新乡贤是乡村的精英能人，提升自身的综合素质是十分必要的，自身发展得越全面，在乡村中能做的事也就越多，出现的纰漏也就越少。

（1）由村民和村干部们从村中选出来的本地乡贤，具有较高的道德水平，他们的德行是受到村民们广泛认可的，而且他们的家就在乡村，乡村的舆论会遏制他们向坏发展的趋势。乡村需要开办各种知识水平培训班，通过课程的教导增加其专业知识，另外也可由政府组织，带领这部分新乡贤前往新乡贤治村效果较好的地方考察，开拓他们的事业，让其能够在乡村治理中发挥更大的作用，最重要的是要加强当地的教育水平建设，以提高乡村后续乡贤队伍的知识水平，政府提供更多的经费促进教育的发展，加强乡村教师的人才队伍建设，提升教师的思想政治素养；定期提供高质量的教师培训，建立教师工资增长长效联动机制，提升教师薪资待遇。

（2）对于从外吸引而来的新乡贤来说，他们都是能够在城市中崭露头角的精英，他们本身的综合素质较高，为了更好地服务当地，需要选派专业人员，带领这些返乡的新乡贤在家乡各地考察，了解家乡各地具体的发展情况，以便他能在将来的乡村治理之中提出针对性对策，对症下药，切实解决乡村治理难题。

加大对返乡新乡贤的道德水平教育，定期开展专项讲座，增强他们对家乡的感情，建立新乡贤引入筛选机制，严把在外新乡贤引入关；建立监督机制，对新乡贤的工作进行监督，以保证他们在乡村工作中的公平公正，防止新乡贤的异化。监督人选可在普通人群中进行投票选举，选出村民信任的人选，选出来监督的村民定期向村民们汇报新乡贤的工作状况，切实保障村民们的权益。

（二）正确处理村干部新乡贤之间的矛盾

我国乡村治理是所有人的共治，即在多个乡村主体的商讨下解决乡村出现的一个个问题，新乡贤和村干部是乡村中的精英人群，他们有着超出普通村民的能力，他们是乡村治理的主力人群，而且村"两委"与新乡贤的职能与工作十分相似，他们之间能否达成一致的看法影响着乡村治理的好坏。因此，协调好新乡贤和村干部的关系，形成一套良好的协同治理模式极为重要。

新乡贤是人民利益的代表者，他们的目标是人民利益的最大化。为了避免新乡贤群体与村"两委"工作的冲突，应对两者的工作内容进行严格分工、划分好界限，防止两者工作上的冲突从而影响乡村的稳定。

第一，对进入乡村工作的新乡贤们进行培训，让他们充分了解到自己工作的内容，防止越权事件的发生。

第二，应对村干部进行思想培训，改变他们的偏见，新乡贤来参加乡村工作不是因为他们工作得不好，而是为了减轻他们的负担，更好地促进乡村的发展。

此外，当新乡贤与村"两委"在工作过程中出现了矛盾，可以通过以下途径来进行解决：①召开村民大会，新乡贤和村干部轮流上台表达自身的想法，由村民来决定哪种策略更好；②坚持镇（乡）党委等上级组织的领导，并通过其中间协调和引导来处理其分歧或矛盾。

（三）大力发展乡村产业，加强新乡贤文化宣传

加强乡村产业的发展以留住乡村人才，加大对新乡贤的宣传力度以营造出新乡贤治村的良好氛围。促进产业发展，新乡贤的发展和产业的发展是相辅相成相互促进的，产业的发展可以促进当地居民就业，增加当地的经济收入，进而形成新乡贤治村的良好氛围，而新乡贤可以为当地的产业发展献计献策，形成一批高质量的乡村产业，因此政府要加大当地产业的政策扶持力度，找准主导产业，制定具有针对性的扶持政策，切实保障当地产业的快速发展。

第一，加强对乡贤文化的研究，通过对国内的新乡贤学术论文以及古籍的研究，充分了解新乡贤的定位，明白何为新乡贤，弄清楚何为新乡贤后通过广播站、文化广场、文化墙、宣传栏等方式对新乡贤文化进行宣传，引导村民形成正确的乡贤价值判断、现代社会传播方式更加多样化，在网络已全面覆盖乡村的情况下，可以通过网络对新乡贤文化进行传播，可以依托微信、微博、公众号等公众平台，持续推出乡贤事迹及乡贤文化建设活动信息等，也可以在村里的父老乡亲群里推送宣传新乡贤文化，这样不管是在村中生活的村民或者是长年在外务工的村民，都能够了解到何为新乡贤，从而营造出浓厚的新乡贤文化氛围。

第二，讲好新乡贤故事，通过举办新乡贤表彰会、交流会、论坛等形式，表彰先进典型，营造社会氛围，焕发广大村民对新乡贤文化的认同和认知，也可通过县镇村重大节日活动

和村庄的公共舞台对新乡贤的优秀行为给予表彰；依托当地报刊报道新乡贤事迹；编制一些宣传册，制作新乡贤宣传海报等，多途径宣传乡贤事迹，让村民能够充分地了解到何为新乡贤，理解到新乡贤是实实在在为村庄发展做事情的，从而更加相信新乡贤，支持新乡贤在村中的工作。

（四）搭建新乡贤治村平台

搭建多元化的新乡贤平台，吸纳新乡贤加入其中是很有必要的，乡贤组织的建立可以将原本单兵作战的新乡贤们集中起来，集思广益，产生更多更好的治村想法，同时新乡贤组织的成立也可以充分挖掘乡村的资源，将乡村资源的利用效率最大化。想要建好新乡贤组织需要做好以下几方面：

第一，给予新乡贤组织合规的身份；合规的身份才能够让新乡贤在乡村治理中发挥更好的作用，首先县里要出台文件赋予新乡贤一定的身份。其次村里需要召开村中会议为这些新乡贤正名，让村民都能够知道何为新乡贤、谁是新乡贤，这样新乡贤的工作才能顺利开展。

第二，给予新乡贤组织一定的发展资源，新乡贤组织是需要一定的场地和启动资金的，这部分资金需要村中提供一定的支持。

第三，完善乡贤组织的管理制度，对选拔标准、程序、组织性质、职责等出台具体的规定，根据"村事民议、村事民治"的要求，明确乡贤组织的公益性、服务性和非营利性等属性，确保乡贤组织在乡村治理中是"补位"而不是"越位"。

（五）完善保障制度和激励、评价体系，增强新乡贤治村动力

第一，给予返乡没有土地的新乡贤一定土地，为其提供一定保障。土地是村集体为数不多能够拿出来的资源，村集体可以与新乡贤签订土地使用协议，新乡贤在村中为村民服务时拥有这些土地的使用权，在其离开乡村时，村集体收回这些土地，一方面土地的分配可以为返乡的新乡贤提供一定的保障，刺激新乡贤参与乡村治理的积极性；另一方面通过签订协议也可防止不怀好意的乡贤侵占乡村土地。

第二，完善乡村医疗保障和社会保障体系，切实保障返乡新乡贤的权益，形成新乡贤治理村庄长效机制。在医疗保障方面，要加大对乡村医疗体系的投入，形成城乡均等化的医疗体系，根据各地人口结构的不同安置合理的医疗设备，切实保障医疗的供给；在社会保障方面，新乡贤来到乡村后，若想让他们长期留在乡村为乡村振兴献计献策，必须为他们未来的生活做好保障，政府机构一方面要加大乡村养老机构的建设，另一方面要积极探索新型乡村养老模式。总之，让新乡贤返乡有希望、留乡有保障。

第三，建立正向鼓励引导机制。开展新乡贤评选活动，对做出突出贡献的新乡贤们通过颁发证书的方式来激发他们参与乡村治理的积极性。另外，政府也可以拟定一套新乡贤

的评价体系，每年年底以村"两委"和群众作为评选人，按照拟定的评价标准对该年新乡贤的工作进行打分，选出工作成效较好的新乡贤并给予他们表彰，表彰既可以是物质上的也可以是精神上的，但应以精神上的奖励为主，从而防止新乡贤的异化。总之，就是要让新乡贤有一定的参与感和成就感，从而更好地为乡村振兴服务。

第四，形成合理的评价体系。政府、新乡贤以及群众共同商讨出一套符合当地的新乡贤工作评价体系，并在各个乡镇大力宣传这套评价体系，让每个村民认识到，为村中做事的各个新乡贤的工作都是有意义的，切实保障各个新乡贤的有效工作都能够得到广泛的认可，进而增强各个领域新乡贤的工作积极性。

第六章
乡村振兴背景下的乡村治理现代化研究

第一节 乡村治理现代化的理论透视

一、乡村治理现代化的理论

乡村基层治理的现代化是一个国家的总体管理体制和能力的现代化进程的缩影。治理就是用政府的力量来维持已有的社会治安与民众的需要，而治理现代化则是在现代化的视野中利用权力的介入来获得最大的公共收益，从治理现代化的基础要义和内容属性等方面来看，可形成对乡村基层治理现代化的内涵界定。

（一）治理现代化

治理是由政府或社会主导，多主体参与的活动。治理现代化含硬件与软件两个维度，硬件指体系、能力两个方向的现代化；软件层面的现代化指治理场域中伦理体系的现代化。治理体系的本质是系统有序的国家制度体系。其涵盖党的坚强统一管理、多维度多领域的管理内容、有机协调的交互机制。治理能力则是指在国家制度框架下，开展不同领域事务的管理工作时所需具备的能力。

治理伦理即政府行政伦理。政府行政伦理本身是一个体系，包括多方面密切相关的内容：①制度伦理的现代化即制度在伦理层面要适应现代化的发展要求与趋势，如制度要与时俱进，要公平公正，要相对稳定；②观念伦理是内核与导向，观念伦理的现代化即观念在伦理层面要适应现代化的发展要求与趋势，如观念不能保守，不能单一，不能偏激；③人事伦理的现代化即制度在人事层面要适应现代化的发展要求与趋势，如建立平等性、合作性和公共性的运作逻辑；④环境伦理的现代化即环境在伦理层面要适应现代化的发展要求与趋势，如增强行政体系的友好性和开放性。

（二）乡村基层治理现代化

乡村基层是国家政权延伸的"末梢"，攸关国家治理体系的成功构建。

从治理现代化视域看，其全面要义是在国家乡村振兴总战略布局要求下，从五个指向现代化的维度延展开来的，涵盖现代化的新乡村建设架构，在互动协调的良性治理格局中打磨、促生以农民利益维护为根本指标的整体治理能力，从而逐步铺就适合我国乡村现代化治理土壤的特色之路。

从乡村基层治理视角看，乡村基层治理的概念包含主体与客体两个基本义素范畴。主体维度由基层党组织、乡镇级政府、最广大人民群众以及社会力量聚合成的社会组织等其他各类主体组成，客体层面涵盖了以公共事务和公益事业为主的，聚焦经济社会发展、民生改善与保障、生态文明理念之贯彻实践的内容环境，在主客体两个运行范畴的有机互动协调中，在矛盾化解、纠纷调解机制的逐步成形、完善中，乡村基层治理现代化建设逐步展开，向着高标准、科学合理化的方向演进。

二、乡村治理现代化的特征与要素

（一）乡村治理现代化的特征

对于国家治理而言，乡村社会是保障和基础，同时也是现代化进程中传统部分的代表，从某种意义上来说，乡村社会需要直接面对国家主导与城市驱动的现代化挑战。

一个国家制度执行能力的高低是由治理体系与治理能力的现代化程度决定的，而在国家治理体系中，乡村治理体系有着非常重要的地位。"实现乡村治理现代化是实现国家治理现代化的重要一环，其核心是推进乡村治理体系与治理能力现代化。"[1]

在乡村振兴的背景之下，乡村治理现代化工作更应该结合现实需要，立足乡村发展与乡村振兴，将实现国家治理体系与治理能力现代化作为奋斗目标，不断促进乡村社会多元化发展，推动乡村生活与乡村发展稳步进行，乡村治理能力的提升要重视制度化、法制化、民主化、技术化等原则，引导乡村发展的所有相关主体踊跃参与，相互配合，坚持德治、法治与自治，最终形成多元共治、多元共享的局面，激发乡村社会的发展活力，实现当代乡村和谐、有序的发展。乡村治理现代化应当具备如下特征：

1. 党的领导核心化

从历史经验来看，中华人民共和国成立后的很长时间里，中国共产党、国家和乡村社会走向了全面的一体化，政党、国家对乡村社会的全面控制限制了现代意义上的国家治理的实现。改革开放以来，广大乡村地区不仅从经济上实现了快速的增长，在乡村治理方面也获得了活力与空间。因此，中国共产党进一步梳理了党政关系，努力实现了由全能型政党向执政党的转化。这一转化，进一步释放乡村基层自治活力，定义了政府在乡村治理中的角色与作用，把中国共产党对乡村社会的全面控制转变成了对乡村地区的有效领导，大大推动了乡村治理现代化的进程。

在目前中国的乡村，中国共产党除了是一种有力的社会公共权力之外，还是所有政府

---

① 李三辉. 乡村治理现代化：基本内涵、发展困境与推进路径 [J]. 中州学刊，2021（03）：75.

机构的核心。因此，在乡村治理现代化的进程中，中国共产党基层党组织自身的建设与完善已经成为乡村治理的重要组成部分。只有不断加强党本身的建设、增强党的领导力，加强基层党组织与其他乡村治理主体的互动与合作，才能够不断实现中国共产党与时俱进的现代化发展，推动乡村治理现代化进程，助力乡村振兴战略的实现。

2. 政府职能服务化

一开始，政府作为公权力的掌控者，在管制职能的发挥中起到非常关键的作用，只有对国家的政治、文化、经济、社会等方面进行整体的管理，才能推动国家更加持续稳步地发展。因此，乡镇政府作为乡村治理的主要主体之一，不仅在早期管理乡村各方面事务时起到带头作用，还在推进乡村治理能力现代化进程中将管制职能的发挥作为非常重要的治理手段。

随着政府管理体制一次又一次的改革，政府也在深度剖析服务型政府的深层含义，不断明确基本的工作内容，打造科学完善的公共政策体系。现在，政府职能已经完成从传统管制职能到现代服务职能的转变。在推进乡村治理能力现代化建设的过程中，乡镇政府也慢慢转变工作职能，对自身职能的理解也有更为清晰与明确的认知，清楚自己所负责的工作内容，并且利用乡村社会的力量，不断发展与完善政府与乡村社会组织共治的新局面。乡镇政府是否树立了坚定的服务政府意识是决定乡村治理现代化发展的关键，在治理的过程中，要不断强化人民当家做主的主体地位，强调民主化与合理化决断。

3. 治理主体多元化

在我国的改革开放初期，乡村治理主要指的是在党的单一化领导下政府专权管制现象，主体的单一化是当时乡村治理的主要特征，随着治理制度的完善与深入发展，为了提高广大农民政治参与积极性，调动基层政府的活力与力量，我国把基层的行政力量当作巩固乡村治理的主要途径。

我国采取了党政分开的措施，以求以此作为突破口，改变乡村治理过程中的单一管制主体带来的失衡问题。随着政府与党逐步分离与社会经济的进一步发展，二者的独立性越来越强直至成为相对独立的乡村治理主体，但此时乡镇政府的公权力管制依旧占据乡村治理的主要地位，乡镇政府通过各种方式对村民及组织的行为进行调控与限制。乡村治理的主体不再仅限于政府这一单一的管制主体，各级党组织、各类企业与事业单位、各种民间团体与村民个人都成为乡村治理不可缺少的一部分，参与到了乡村治理现代化建设的过程中来。我国的乡村治理现代化进入了一个新阶段，治理主体也更加趋于多元化、互动化。

4. 治理方式现代化

乡村经济的发展为乡村社会组织、乡村文化的发展奠定了经济基础，农民的生活方式得到了转变，农民的整体素质得到了提升，乡村的治理方式也随之产生了重大的改变。

第一，随着整体经济的发展，国家对于乡村治理的方式也发生了转变，传统单一的乡村治理方式与时俱进，日趋多样化，形成了多手段综合治理的乡村治理方式。

第二，随着乡村基础设施的完善与村民综合素质的提升，广大村民从落后保守的思想观念中转变出来，开始接受新的市场意识与商品观念，进一步接触和使用了现代科学技术为生活带来的便捷。同时乡村治理的方式也密切应用现代科技，利用互联网、大数据等技术与自媒体平台提高了乡村治理的效率，创新了村民参与乡村治理的方式，鼓舞了村民的政治参与积极性。

此外，乡村治理方式所依靠的治理观念也与时俱进，公平正义、以人为本的乡村治理理念逐步贯彻到了乡村治理实践中。最后，乡村治理方式逐步由"管理"向"治理"转变，使乡村治理方式更加注重民主，更加具备系统性、协调性与统筹性，乡村治理现代化的进程也因此逐步加快。

（二）乡村基层治理现代化的要素构成

1. 主体要素

分析乡村基层治理的基本场域，其现代化进程中的主体要素内容可划归为乡村政权组织体系、村民自治组织体系和包括广大农民、乡村生产合作社、基层协会在内的其他各类主体。

（1）乡镇政权组织体系及职能。乡镇基层党组织作为党在乡村基层政权体制中的主心骨，是全乡镇区域内的领导核心，负责统筹规划本区域在组织、思想、政治等方面的全部基础性工作，以维护行政体系的运转，保障群众切实利益。

此外，乡镇级党支部不直接参与专业化范畴的工作，但在参与机关基层实践时，需要发挥监督职能。其主要内容如：涵盖行政运行机关中每个个体在内的党员之思想政治状况，党风学风履践情况，对党的路线、政策与方针的拥护与执行情况等，在此过程中将为民服务的旨归贯彻始终，不断克服形式主义、官僚主义，改进与修补机关工作中出现的缺漏与不完善之处，再通过由下及上的运行向度反馈给上级党组织或行政划属上的对口负责人。

第一，乡镇级人民代表大会。乡镇级的人民大会即乡镇人大，是代表和行使国家权力的基层政权机关，其选举机制和原则搭建在人民代表大会制度这一政治制度基础上，由基层行政区划内的选民，即乡村基层的人民群众通过直接选举这一普遍有效的选举活动，选出代表其行使权力的人民代表大会代表。

第二，乡镇级人民政府。乡镇级人民政府兼为我国乡村基层治理的行政与执行机关，其权能具有双重性。就前者而言，其负责的对象是上级人民政府；就后者而言，其负责的对象则为乡镇级别的人民代表大会。就其细分划属来看，乡镇政府的内部构成又包含内设与驻派两种模式的管理部分。内设主要有司法、民政、乡镇政府等办公室机构，驻派形式则以"七站八所"为代表，在县级与乡级两层权责的管制下行使职能，统摄该区域的政治、经济、文化等多维度工作。

（2）村民自治组织体系及职能。自治权力是完全排除任何主体与权力干涉而独属于成员个人的，但自治是特定范围的相对的自治，任何国家的自治都是在法律规定范围内的自治。从村民组织体系的纵向发展来看，其来源于人民公社解体后乡村基层建设的短暂空白期，此间农民群众借助从传统束缚中挣脱出来的自由思想与经济能力，在不断实践中成立了自我管理、决策与监督的基层治理组织，即村民自治组织。

（3）广大农民等其他各类主体。对于广大农民、社会力量聚合成的组织机构等其他类别主体，如各个行业在基层搭建的特色协会、经济生产组织等，其在利益观上是同向协调、目标一致的，共同导向乡村基层公共利益的最大化实现。这类主体在党组织调配与坚强统一领导下，发挥自身职能与力量优势，为善治生态提供民主政治土壤、坚实物质基础、充沛人力资源和可靠组织保障。

2. 客体要素

乡村基层治理现代化的客体要素在内容要义上可划属为公共事务与公益事业两维，其在属性上有数量与性质两重属性。

（1）乡村基层治理事务的内容

第一，乡村公共事务。乡村公共事务是特定场域中由政府、乡村或其他主体多方协调参与的，以公共事务管理为主要内容的治理过程。其以有序发展区域经济目标导向，以科学合理的管理策略为治理手段，以农民群众民主管理和监督的热情、积极性为催化剂和主要驱动，以乡村基层各个领域的全方位均衡发展为最终蓝图。

第二，乡村公益事业。乡村公益事业即为乡村村民进行多类型社会经济或文化活动提供产品供给或服务保障的，由专职部门负责操作运转的总体事务。其具有无偿性、公共性、服务性等特征。

（2）乡村基层治理事务的属性

第一，乡村基层治理事务的数量。数量即基层事务可量化的部分，如件数等。依据数量标准对基层治理事务做出分类，可以从多事务处理机制和少事务处理机制出发进行分析。前者便于借助数据网络等科技服务手段，在有一定样本容量的基础上总结经验规律，提出针对性策略，后者则需要进行更具有针对性的特殊化处理、解决。

乡村基层治理事务的性质。乡村基层治理事务的性质包括嵌入或脱嵌两种模式，嵌入模式是基于党和群众之间关系基调产生的政治性，由乡村地区复杂利益关系和琐碎治理内容决定的丰富性，由不同域别和划分标准决定的繁杂性。脱嵌模式不再依赖或受制于乡村社会的各个层面，是独立运作或受到外部力量的主导，可以有效处理庞杂的乡村关系，用健全处理机制和成熟方法规范村民。

3. 介体要素

乡村基层治理现代化的介体要素即有能动性、自主性和自组织性的方法基础。政治引领、法治保障、德治教化、智治支持、共治强基此五治的高效整合是推进治理效能最大化、乡村基层治理结构现代化的重要抓手，因而成为体现我国乡村基层治理现代化的五种路径导向，即基本治理介体。

（1）政治引领。作为治理现代化的根本介体要素，政治引领的核心内涵和中坚理念是党执政能力与思想、组织、社会等多维度指导力的全面提升。遵照国家—市域—县域—乡村基层为自上而下的科层化治理路线，政治引领是重中之重的基础势能。

在明晰政治引领如上地位和功能的基础上，借由这一介体发挥核心联动作用，还可从财政管理、组织部门与领导队伍的优化提升等方向细化开展，以响应系列会议要旨或精神内核，真正使基层党组织成为发挥"坚强战斗堡垒"之职能功用的可靠载体。

（2）德治教化。作为治理现代化的软性介体要素，德治教化的基本内涵即以个体德性涵养的培育提升为指向，通过社会、行业、家庭等不同领域或单位的环境特质，对其加以塑造，实现治国理政上的法德并举。

从路径创新来看，德治教化的实现，须发挥传统文化的熏陶作用，对贴合民情且能激起广大人民群众共鸣的传统文化进行宣传、运用；须完善乡规民约，增强其约束作用以更好为基层治理现代化服务；须弘扬社会主义核心价值观，发挥先进文化引领作用。

（3）智治支持。作为治理现代化过程中不可或缺的辅助性介体要素，智治支持即借助前沿科技管理技术，通过算法推荐、大数据管理等新媒体手段，辅助基层在各个领域的治理，借此使治理的行为过程更加具有开放性和动态延展性。

在具体施策总结中，智治可通过与地域经济发展模式的嵌合，对各类资源的动员和利用，借助网格化、共享化、专门化的管理路径，使乡村基层治理遵循更具普适性的信息化走向，使其对现代化治理产生更有效推动。

（4）法治保障。作为治理现代化的介体要素之一，法治保障涵盖了治国理政的内容场域、服务体系健全的制度场域，形式多样复杂且高效度，有较强针对性的方法场域。

法治是推动我国乡村基层治理现代化的重要保障，而完善法治长效机制，依法建立更加完整、稳定的制度框架，是实现我国乡村基层治理法制化的必由之路，落实依法行政，建设法治政府；完善服务体系，落实城乡统筹；完善涉农法律，做到有法可依，是为我国乡村基层治理现代化发展保驾护航的方法路径。

（5）共治强基。作为治理现代化过程中最具触发性和主动性的介体要素，"共治强基"

旨在实现党组织、政府、村民与社会组织等多元主体协调共促乡村基层治理现代化进程。就其推进现代化治理良性循环的基本进路看来，涵盖共享型制度建构、纠纷调解策略的整体性形成与成熟等方面。

因此，增强我国国家整体治理能力，完善我国整体治理体系，建成社会主义现代化强国的关键环节，需要多方主体协同努力。

4. 环体要素

环体要素作为发挥维护作用的重要支撑条件，主要涵盖现代化治理所依托的相关组织机构、制度基础、社会环境和文化因素四个组成部分。

（1）组织机构。基层党组织、乡镇政府、村民委员会、乡镇人民代表大会、乡村民间组织等是基层治理的重要组成部分，发挥着不同的社会功能，相互协调、共同作用。乡村基层党组织作为基层政权的基层组织，乡村政府作为基层政权的代表，两者都担负着重要的社会治理功能，发挥主导作用。

村民委员会是由基层农民群众基于自我管理、监督的切实需求诞生，通过科学有序的选举机制，代表全体村民进行微观事务研判、政策决定出台、条例法规执行的基本载体和重要制度依托。于乡镇层级设立的人民代表大会既向选民、也向上级人民代表大会负责，且对同为乡镇级别的政府机关负责。乡村民间组织则是乡村人民群众以自身利益需要为靶向政府或其他权力机关对其授配的职权，辅助村民自治组织体系进行管理服务的机构集合。

（2）制度基础。乡村基层治理现代化生态的形成和维护，对规制、流程的有效有序性、科学规范性、系统完整性和特殊针对性提出不同程度和标准的目标要求，这些特性的实践指向和最终落地，也成为制度基础的主要内容构成。宪法部分章节和区域政府部门及辖内自治组织都对其做出了成文指示，形成了条理化制度环境和行为规范体系。与此同时，在党中央领导下举办的与乡村基层治理问题部署相关的历届经济报告与纲领性决定，以及记载了发展成果的海量文献等，都是研究制度基础问题的实体资料依据。

（3）社会环境。社会环境是指在人的日常生活和各项交互活动中，在经济、政治、信息技术等多重因素或多个领域综合力作用下形成的一种生态场域。良性社会环境对交互活动的影响是正向的、有益的，立足我国基层治理实践现状，可从政治、经济、文化等多个维度得以印证。

政治维度上，村民自治权得到更加全面、坚实和充分的保障，科层制与技术路线的结合愈加科学合理，国家治理机关与村民自治组织在职权分化机制的优化过程中形成良好互动等。

文化成果上，信息资源的公开性、获取途径的便捷性为乡村基层群众智识水平的提高，为以社会主义核心价值观为指引的优秀乡风民俗的塑造等提供了众多良好的机遇条件。

（4）文化因素。文化产品是人类通过自己的智慧而产生的各种文明的结果，也是人类致力于实现的关于生活氛围高度合理、舒适的目标场域。即人们互助、开明，从而形成了一种融洽、包容的文化环境，以促人与人、人与社会群体或社会群体之间的交流、合作与相互影响，进而推进社会管理的良性运作。

乡村基层社会文化环境的营造是乡村行政与村民自治互动的基础，因此，要在一定限度之内，充分发挥好文化因素应有的各项功能，协调好治理场域不同主体、不同类型资源之间的关系，使其搭建出文明互惠的治理体系。

三、乡村治理现代化的意义与成就

（一）乡村治理现代化的意义

"乡村治理是国家治理的基石，乡村治理现代化是农业现代化的集中体现。"[1]在中国共产党的坚强领导下，我国乡村治理稳步推进，制度体系日益完善、体制机制持续创新、"三治结合"效能彰显、乡村振兴有序发展，取得了世所瞩目的伟大成就，标志着乡村治理步入现代化建设的快车道。从下往上不断完善制度体系、自上而下持续深化体制改革、由点到面加快运行机制优化、由内而外推动治理效能释放，是我国乡村治理取得巨大成就的基本经验。在建成社会主义现代化强国的新征程中，更要通过一系列制度创新与机制变革，进一步巩固党的全面领导、提升制度执行能力、优化体制机制，在"制度优势—运行机制—治理效能"框架下，加快各类制度优势更好向治理效能转化，从而以乡村治理现代化推进国家治理体系和治理能力现代化。

乡村现代化既包括"物"的现代化，也包括"人"的现代化，还包括乡村治理体系和治理能力的现代化。乡村治理是国家治理"最关键的小事"，乡村治理现代化是国家治理现代化最基础、最重要的组成部分，是国家治理现代化在乡村这一空间领域的映射与体现。乡村治理现代化，不但包括乡村治理的"国家性"内涵，而且兼顾乡村治理的"社会性"难题，意在乡村社会构建一套与现代化国家相匹配、与乡村本地化发展相适应的政治、经济体系，呈现出传统与现代、目标与现实、国家与社会相互辩证作用的发展走向。

组织形式将更具中国特色，治理对象和范畴会相对集中，治理目标的指向性、精准度将更加明显，治理手段也会呈现出制度与技术相融合等特征。经过不懈努力，推动农业乡村发展取得历史性成就，乡村振兴全面推进，现代化的乡村治理格局逐步形成，充满活力、和谐有序的善治乡村蓬勃发展。制度体系健全、行政体制有力、三治结合顺畅、治理效能显著等，成为乡村治理现代化的重要标志。历史和现实表明，乡村治理是农业乡村现代化的重要支撑，在党的全面领导下推进乡村治理现代化，是向中国式现代化新道路迈进的一大步。

---

① 刘海军，丁茂战. 乡村治理现代化的历程、经验与进路［J］. 国家现代化建设研究，2022，1（03）：121.

（二）乡村治理的巨大成就

中华民族迎来了从站起来、富起来到强起来的伟大飞跃，实现中华民族伟大复兴进入了不可逆转的历史进程。中华民族伟大复兴离不开农民、工人、知识分子等各阶级和阶层的共同努力，离不开城市发展和乡村振兴，必须以农业现代化为基础和支撑。

建立健全"党委领导、政府负责、民主协商、社会协同、公众参与、法治保障、科技支撑的现代乡村社会治理体制和自治、法治、德治相结合的乡村社会治理体系"成为新的努力方向。进入新发展阶段，更要及时总结中国特色乡村治理的主要经验，在"制度优势—治理效能"转化框架下，按照制度体系、支撑体制、运行机制、治理效能的逻辑层次，探索中国式现代化发展的基本规律，找准乡村治理的目标定位，将乡村治理现代化的时间表和路线图描绘得更加清晰明朗。

1. 不断成为创新体制机制的"发源地"

乡村稳定是国家长治久安的基础。在我国乡村治理的历史进程中，不断发生着理论到实践、实践到理论的相互转化，在理论与实践有机结合下，有些思想积淀成为理论，有些理念落地变成制度，再经实践验证继而推广并向外辐射，逐渐形成了国家治理制度。我国乡村地区差异较大、发展状况不一，城乡发展不同导致多种利益并存，实践中责任和利益各有差异，通过制度的"黏合剂"作用实现利益合理分配，有效化解国家与社会之间的矛盾，确保公共权力在乡村末端正确行使和有效运转。

坚持党的领导是中国特色社会主义最本质的特征。党的领导制度最早形成于革命战争年代的乡村。中国共产党从诞生之日起，就始终把乡村基层党组织建设作为重中之重抓好抓实，并注重运用制度规范党内外各项工作。从中华人民共和国成立前的"政党下乡"到人民公社时期的"政社合一"，再到"三治结合"治理格局，均是通过建立健全乡村党的各级组织来实现的。党的基层组织是确保党的路线方针政策贯彻落实的基础，是乡村振兴和乡村治理的核心领导力量。进入新时期，乡村基层党组织更是乡村振兴的"主心骨"，是落实党的政策、带领农民致富、密切关系群众和维护乡村稳定的"领头羊"，党的全面领导制度得到了进一步加强和巩固。

社会主义基本经济制度，是中国特色社会主义经济不断发展的重要法宝。家庭联产承包责任制在乡村的成功实践，验证并发扬了社会主义基本经济制度的优越性，乡村集体所有制经济茁壮成长。土地所有权、土地经营权和土地承包经营权"三权分置"制度从提出、实践到立法，实现了乡村基本经营制度的自我完善和伟大创新。乡村经济制度的改革创新和发展完善，为党领导人民适应我国社会主义初级阶段社会生产力发展水平，创造和发展社会主义基本经济制度提供了基础和样本，极大地解放了生产力，彰显了社会主义制度的优越性。

社会主义根本和基本政治制度，是中国特色社会主义民主政治不断实现的重要基础。人民代表大会制度是我国的根本政治制度，它起源于中华人民共和国成立前的革命根据地，当时基层乡村政权为适应土地改革需要，从农民中选出先进分子为"代表"参加行政事务，人民代表会议等民主制度应运而生，为党在基层的新生政权提供了牢固的制度基础。

今天，在党的领导下，县乡各级坚持人民代表大会制度，突出农民主体地位、发扬基层政治民主，实现了农民当家做主。人民代表大会制度也不断发展和完善，成为国家人民民主政治的根本制度。中国共产党领导的多党合作和政治协商制度、民族区域自治制度、基层群众自治制度构成了人民当家做主的基本政治制度，其中的群众自治制度在乡村起源并向各地区各领域延伸，拓展了人民当家做主的新内涵。

人民政协成为中国协商民主的主要制度平台，而分层建立的乡镇和村社区、企事业单位协商议事会议为人民参与政务提供制度保障，多措并举更加彰显了民主协商制度的优势。妇联、团支部、残协等组织齐心协力、共建共享，积极发挥服务性、公益性、互助性等社会组织作用，为各类政治力量共同参与乡村治理提供了坚实的制度保障。村民会议、村民代表会议、村民议事会、村民理事会、村民监事会等多种模式齐头并进，民事民议、村事村办、农事农管的多层协商格局逐步形成。

总之，人民当家做主制度体系在乡村治理中得到了有效验证，体现了人民意志、保障了群众权益。县乡各级充分发挥民主协商、基层自治等基本制度优势，实现了党的领导、政府管理和乡村自治的有机融合，较好地化解了各种社会矛盾，加快了全过程人民民主在基层的形成和发展。

我国的重要制度是根本制度和基本制度的有力支撑，在实践中，制度治理效果日益明显。现在全国各地纷纷结合实际开展制度创新，在乡村的微观层面形成多项重要制度并向县域和城市推广。作为非正式制度的村规民约在较大范围内得到村民百姓认可，在群众纠纷调解、乡风民风建设和社会秩序维护等民间事务方面，发挥了切实有效的积极作用，大多数村规民约最终都转化成了乡村治理的重要制度。大数据和人工智能时代，新一代信息技术加快数字政府建设，在推进村级事务公开透明、加强群众对各级权力的有效监督等方面卓有成效，城乡融合的信息共享制度和数据交换制度在更大领域和更广范围内得到推广。

2. 长期作为深化体制改革的"试验田"

为了有效解决社会主要矛盾，党和国家通过及时优化行政体制，从而满足社会发展需求。改革开放以来，党中央和国务院先后多次发起行政体制改革，从整合国务院部门职能到优化乡镇政府机构设置，实现了国家政令有序贯通、经济社会发展有效保障。为应对乡村城市化发展的挑战，各地乡镇加快构建党委领导、党政统筹、简约高效的乡镇管理体制，"扩权强镇""简政强镇""社区整合"等行政区划改革取得实效。

乡村振兴战略实施以来，国家资源和制度输入驱动村级治理模式转型，乡村治理体系以农民是否满意为标准加快改革。乡村治理的制度整合力不断增强，领导班子成员交叉任职和竞争上岗制度在全国大多数乡镇普及，党委委员兼任政府班子成员的方式有效化解了领导权与治理权之间的矛盾。乡镇政府行政效率得到提高，党政综合办公室、经济发展办公室和社会事务办公室等"三办"建设集约优势凸显，一乡镇一站（所）等传统模式大幅度调整，税务所、市场监管所、法庭、司法所等行政部门实现按区域优化设置。

近年来，为加快完成"把乡镇建成乡村治理中心、乡村服务中心、乡村经济中心"的目标任务，各地纷纷出台配套机制助力服务型政府建设。通过规范机制、整合机制和激励机制，完善乡镇经费保障，凝聚多元主体力量形成乡村治理共同体，确保乡镇政府、村级组织和村民作为价值共同体、行动共同体和利益共同体参与村级治理，乡村治理制度的吸纳力得到显著提升。

村民委员会民主决策机制和村务信息公开机制在更大范围内得以实行，农民拥有了更多自主管理权，村民自我管理、自我教育和自我服务能力实现质的飞跃。各级多元监督机制成为新常态，村务政务监督纳入制度化轨道，村规民约监督和奖惩机制逐步健全，群众代表和群众组织参与村规民约的宣传、落实、监督等各项工作渐成"主流"模式。利用互联网和自媒体等新手段，运用舆论监督和道德约束等旧方法促进村规民约更加规范有效。政府职能加快转变，村级党组织"堡垒"作用更加明显。乡镇政府经济治理能力和公共服务能力有了长足进步。

3. 逐步形成创新模式机制的"示范区"

针对乡村治理某一领域问题开展的专项改革或局部创新，往往因其具有代表性和有效性而成为全国"标杆"。由一些地方探索的村级小微权力清单和责任清单机制已向全国普及，在加大基层权力腐败惩处力度、确保权力监督常态化和规范化等方面效果显著。起源于特定地方的"三治结合"治理模式试点已经总结提炼为全国范本。通过不断的制度创新与实践探索，自治、法治、德治有机结合从而形成社会治理制度合力，开创了乡村治理体系的新范式，"三治结合"协同推进乡村治理现代化的氛围基本形成。

我国独创的乡村村民自治制度为有效治理积累了宝贵经验，目前城市社区治理中也采用了类似的自治模式。村民自治制度较好地保持了乡村治理共同体的完整性，实现了乡村空间的利益均衡。乡村村民自治模式将乡村治理上升到国家制度层面，且承载基层政权建设和乡村民主建设双重功能，成为乡村治理体系的制度化安排，为乡村全面发展提供了重要的基础制度保障。

随着村民自治制度的发展，民主选举、民主决策、民主管理和民主监督机制全过程实施，"简政""放权""让权"多措并举，农民有序参政议政意愿更加强烈。村民小组理事会、红白喜事会、村民"微自治"等模式得到更大范围推广，农事农办、村务村建、乡政乡管的善治乡村建设进度加快。乡村治理数字化水平大幅提升，应用新技术提升乡村基层治理的精准性、自主性和高效性也稳步发展，"放管服"数字化审批转型向乡村覆盖，"互联网＋乡村治理""互联网＋基层党建""智慧农业"试点探索卓有成效，推动乡村治理从传统管理向智慧治理转变。

法治是乡村治理的前提和保障。风俗习惯、村规民约等德治手段历史悠久，现在乡村法治建设深入推进，法治德治深度融合。涉农领域法律体系更加完善，农业法、土地管理法、乡村土地承包法、种子法、农业技术推广法等法律法规基础保障作用显著。农民知法守法意识增强，乡镇普法执法形式多样，村级事务阳光工程、乡村矛盾纠纷调处化解机制不断完善。德治约束作用明显提升，村规民约制定程序、规定内容更加规范，"软"治理效果更加突出。乡村陈规陋习得到有效遏制；乡风文明建设扎实有效，社会主义核心价值观、爱国主义、中国精神、时代精神、中国乡村传统美德等教育深入人心；崇德向善、扶危济困、扶弱助残、尊老爱幼、和谐友爱等良好风气蔚然成风。

4. 时常扮演展示治理效能的"公告栏"

乡村是党和国家的路线、方针、政策传导的末端，乡村治理效能反映了国家的制度执行力和政策有效性。在乡村治理的不同发展时期，党和国家在资源供给、经济发展、社会管理和公共服务等各方面不断加大对乡村的支持力度，始终把解决"三农"问题作为重中之重。

从农民群众的获得来看，农民收入稳步增长，乡村集体经济创新发展，新产业新业态不断涌现。

从农民群众的幸福和安全来看，乡村社保投入加大，相对完善和全覆盖的乡村社会保障体系基本建立。乡村电商与乡村寄递物流融合发展，"快递进村"服务范围进一步延伸。新型合作医疗制度、农业转移人口市民化制度加快推进，养老保险制度、最低生活保障制度、优抚制度等全面普及。乡村地区公共安全态势良好，中央与地方整体联动，加强乡村食品药品安全监管，相对完善的乡村食品药品安全监管网络体系初步形成。乡村扫黑除恶取得实效，群众生命财产安全切实得到保护，乡村社会稳定基础更加坚实。

四、乡村治理现代化的发展

我国的国家治理现代化，是基于中国式现代化发展而形成的国家治理新形态，是在制度建设与制度优势向治理效能转化过程中推进的。乡村治理现代化，是国家治理现代化在乡村空间的实践与探索，是在党的领导下不断优化制度体系、改革治理体制、创新运行机制和提升治理效能的动态过程，是贯通"制度优势—治理效能"转化框架的现实样本。

在全面建成社会主义现代化强国的新征程上，要坚持走中国特色农业现代化道路，以更有力的举措、更强大的力量，加快乡村治理现代化步伐，加快实现国家制度优势向治理效能的进一步转化。

（一）推进领导制度的执行，提升乡村党组织战斗堡垒作用

充分发挥好乡村党组织的作用，把乡村党组织建设好，把领导班子建设强，弱的村要靠好的党支部带领打开局面，富的村要靠好的党支部带领再上一层楼。

党的领导制度是我国的根本领导制度，这是历史和人民的正确选择。党的领导是国家制度有效落实的核心力量，是"国家—政府—社会—乡村"治理结构中的"定盘星"。要取得乡村治理新的伟大胜利，必须持续巩固党的领导制度、加强基层党组织建设、增强党的执政本领，充分释放党的领导制度的引领力、吸引力和执行力。

第一，始终坚持和加强党的全面领导。将党内法规及有关要求落到实处，巩固和提升乡镇党委、村党组织等党的基层组织的战斗堡垒作用，切实做到依法办事和"按制度办事"。

第二，进一步理顺党政协同机制。在组织形式上，可尝试采取一定的分离战术，比如将乡镇集体经济组织与村"两委"分开，通过统一的户籍制度改革等措施，将村民的社会属性与经济属性区分开来，进一步发挥村民自治委员会的协调作用，有效优化村"两委"以及乡镇政府与村民之间的关系等。

第三，加强党的执政能力建设。进一步健全党领导乡村其他各类组织的具体制度，提升党对经济、社会管理等相关工作的领导和统筹调配能力；畅通党群互动渠道，通过群众监督、上级督查等方式，建立协同联动、友好协商、高效运行的信息反馈机制；深入贯彻全面从严治党，通过党章和党内法规等制度举措约束和规范基层党组织，严明政治纪律和政治规矩，用党的建设成效促党的领导制度有力执行，用制度执行效果促进基层党组织建设纵深发展。

第四，发挥党员干部的先锋模范作用，提升乡村干部的政治判断力、政治领悟力和政治执行力，提高其乡村治理的能力。根据乡村工作实际需要，进一步选优配强乡镇领导班子，严格选拔任用村"两委"成员尤其是村党支部书记。突出抓基层、强基础、固基本的工作导向，鼓励"第一书记""大学生村官"等优质人才扎根基层、奉献基层，发挥带头作用。

（二）着力构建平等和谐有序的善治乡村

加强和创新乡村社会管理，要以保障和改善乡村民生为优先方向，树立系统治理、依法治理、综合治理、源头治理理念，确保广大农民安居乐业、乡村社会安定有序。

适应新发展阶段的新要求、满足人民群众对美好生活的新需求，是新时期行政体制改革的新方向。在开启全面建设社会主义现代化国家新征程之际，建立健全"党委领导、政府负责、民主协商、社会协同、公众参与、法治保障、科技支撑的现代乡村社会治理体制"的目标，对进一步理清政府职责和工作重心提出了新要求。

第一，提升行政系统整合能力。在国家制度优势向治理效能转化过程中，党是领导核心，乡镇政府是最主要的组织者和执行者。政府应当借助一系列动态机制，如权责清单机制、公共参与机制、利益协调机制和效能评估机制等，进一步调动村民、乡镇企业和社会组织等多方力量共治的积极性。

第二，调整乡村治理组织形式。有些县级农业农村局成立后，要与县"三农"工作领导小组的职能相互结合，实现从以前的业务部门转变为党管乡村、五级书记抓乡村工作的统筹协调部门。鼓励各种优质资源在城乡之间自由流动，使村民自治有效转化为更具包容性的社区居民自治，比如我国南方许多乡村地区已经有的成功案例。

第三，加快乡镇政府职能转变。结合我国乡村地区公共服务主体多元、协同困难等实际情况，进一步明确不同治理主体的职责定位和角色分工。其中乡镇政府以制度供给、引导协调与行政监管为主，可以通过招商引资、项目制、公私合作、管区行政包干制等模式创新，借助社会资源提供专业性服务，在抓好乡村新基建等公共设施建设的同时，有效提升公共服务能力。

第四，综合运用多种治理方式。加快构建一流营商环境、推进监管能力现代化等创新举措覆盖乡村。普及推广农业行政审批流程数字化再造，根据经营模式升级需要，构建乡村宅基地信息管理系统、土地承包经营权监管大数据分析平台等，大力推行数字化赋能、网格化管理与精细化服务，有效释放数据、技术等新型生产要素对乡村治理的驱动作用。

（三）发挥"三治结合"凝聚力，优化城乡融合机制与政策体系

乡村治理逐渐成为城市治理的有机组成部分，要蹚出一条制度支撑、城乡融合的新路，就必须针对乡村治理的当前突出问题，加快健全城乡融合发展体制机制、加速升级"三治结合"的乡村治理模式。

第一，运用资源要素流通等经济机制。进一步巩固村民自治的经济基础，通过优化土地管理政策，加强土地确权管理，构建城乡一体化的土地市场体系等一系列重要举措，提高城乡居民的经济地位。采取推进统一的户籍登记制度改革、实现农民身份认同和基本权利平等的具体办法，为消除城乡二元经济结构奠定制度基础。制定统一、高效的就业管理政策和社会保障政策，加快形成更加公平的公共服务体系，推进医疗养老保险制度、社会救助制度试点向更多乡村地区覆盖，依法保障乡村转移人口与城镇居民"同工同酬"及享受同等福利待遇。

第二，筑牢乡村治理的法治制度保障。首先要处理好依法守法、懂法用法、科学构建乡村治理相关法律体系等问题，加快乡镇党政干部以及村民群众的法律知识普及，营造乡村治理的法治环境；依法规范村规民约等"非正式"制度的适用范围及制定程序，形成博采众长、兼容并蓄的法规制度体系；有效落实村级信息公开制度，明确政务公开的主体责

任、主管责任、监管责任，在主动公开、主动回应信息等方面做足文章，有力激发农民群众的主体意识和首创精神，维护农民知情权和参与权等各项合法权益。

第三，优化"三治结合"的运行机制。建立以各级党组织为依托的领导协调机制，将群众诉求与具体需要及时吸纳并反馈至市县党委或政府。建立以县乡人大为依托的权力制衡机制，有效发挥人大监督制约作用、对村民自治的规制作用、对乡镇政府与村民自治的"黏结"作用。

建立以村民自治组织或社区自治组织、乡村社会组织及城乡社会精英为主体的多方协商机制，同时以政治鼓励、经济奖励与价值激励相结合的奖惩机制为补充，以跨部门、跨层级、跨区域合作机制为辅助，逐步形成城乡多元主体互动作用下的综合治理格局。

第四，打造城乡一体治理的支撑平台。将现代信息技术与乡村治理深度融合，推广"网络问政"和数据治理，加快数字政府、智慧政府向乡村延伸，尽快指定或设立乡村大数据管理部门，建立农业乡村数据要素确权制度，开发城乡联动、县乡互动、部门协同、政企协作的大数据应用系统，破除城乡行政壁垒，逐步形成城乡融合、数据共享、政社协作的现代化治理体系。

（四）加快制度优势更好向治理效能转化

以党的领导统揽全局，创新村民自治的有效实现形式，推动社会治理和服务重心向基层下移。要丰富基层民主协商的实现形式，发挥村民监督的作用，让农民自己"议事、主事"，做到村里的事村民商量着办。乡村中存在政治、市场和社会力量，呈现利益密集、机制多样、要素复杂等特征。为了更好实现乡村善治的目标，就要进一步激发农民的"主人翁"意识和主体责任，用民主制度优化权力分配，实现利益分配均衡。

第一，发挥人民当家做主、村民自治制度的基础性作用。将维护农民权益摆在更加重要的位置，群众的事情群众说了算，通过多种方法、多种渠道鼓励农民群众主动参与乡务村政，发挥民主选举、村民监督、民间评估的外部约束作用，将公权力约束在制度框架内，增加农民知情权与参与权，确保村民自治在法制化轨道上运行。

第二，挖掘村规民约等非正式制度的潜在能量。依据不同类型规约"量材施用"，比如对于长期有效、村民公认的乡风民俗可以及时纳入法治范畴，根据国家法律法规和有关规定修订内容条款、明确实施主体，待时机成熟时便可作为某项具体制度先行试点。

第三，发挥全过程人民民主的治理效应。乡村场域内党、政府、社会等多元力量共生共存，政策执行过程必须完全公开透明以增强互信，由此才能更好地推动乡村多元治理主体有效整合。可以依托第一书记、选调生、挂职干部和驻村工作队等外部力量，实现在基层党组织与乡村社会的"双重嵌入"，构建更加公平的民主协商机制，以党建引领，整合各方力量，实现各项事务各个环节各个阶段的全过程民主。

第四，提高制度的适应性与效能转化率。在坚持中国特色社会主义制度的前提下，既要适当优化或局部调整某些具体制度，还要综合运用制度手段和技术措施。比如，依托区块链信任机理与结合体特征，在信任体系化支撑下搭建乡村治理制度数据库和效能监管智慧平台，实现制度知识化、机制合约化以及效能可视化的耦合联动，为加快制度优势向治理效能转化提供支撑保障。

全面推进乡村振兴，加快农业乡村现代化，是需要全党高度重视的一个关系大局的重大问题。加强和改进乡村治理，要以保障和改善乡村民生为优先方向，让农民得到更好的组织引领、社会服务、民主参与，加快构建党组织领导的乡村治理体系。实现中华民族伟大复兴和共同富裕，离不开乡村振兴与有效治理。开辟中国式现代化的新道路，同样离不开乡村治理现代化的新动能。唯有解放思想、开拓进取，继续把增强城乡居民获得感、幸福感和安全感放到突出位置，坚定不移推动各项改革举措落到实处，加快将我国制度优势更好转化为治理效能，方能继续谱写建成社会主义现代化强国的辉煌篇章。

第二节　乡村振兴与乡村治理现代化的相关性

乡村治理现代化是推进乡村振兴战略得以顺利落实的助推器。乡村治理现代化是相对于传统乡村治理而言的一种全新的治理手段，其符合当下国内社会经济发展的环境要求，是国家治理体系中不可或缺的组成部分。

一、为乡村治理现代化培育多元主体

乡村治理工作本身是国家开展治理活动的重要基石，而治理有效性则是乡村振兴战略顺利贯彻落实的重要基础。推进乡村治理现代化建设进程是乡村振兴战略贯彻落实中不可或缺的条件，而农业现代化则是社会主义现代化国家建设的重要保障，所以必须立足于促进乡村和农业经济发展，从带领全体村民过上富裕生活出发，构建多元发展主体的全新乡村治理体系，才能够更好地助力乡村振兴战略在乡村顺利贯彻落实。

乡村治理体系本身实现现代化建设目标的根本出发点就是要指导及鼓励乡村中的村"两委"干部、村民以及其他乡村经济组织和干部等多主体协同开展工作，众多相关主体各司其职、各尽其责，一同负责乡村治理活动。

在现代化乡村治理体系下，要促使全体多元主体都可以积极参与到乡村振兴的实践中来，保证使他们真正意识到乡村振兴过程中各主体彼此需要肩负的工作职责与任务，这样才能够使他们有效地发挥自身的主观能动性，更好地提高乡村治理实效性。特别是要充分抓住乡村振兴战略的实施时机，在新一轮资源要素的条件下，将物力、财力与人力等相关资源要素向乡村倾斜，同时还要注意有效引导有能力、有文化的乡村精英向乡村本土地区回流。在此基础上，也要注意为乡村治理现代化建设过程中的多方乡村治理活动培育一大批高素质的治理队伍，使他们可以更好地服务于乡村振兴战略，贯彻落实相关实践活动。

二、为乡村治理现代化提供制度保障

现在"三农"工作重心，已经是在全国各地区贯彻落实乡村振兴战略。经过前一轮脱贫攻坚战略活动的开展，我国各地区基本上已经初步构建起行之有效的经济发展及管理制度，这为乡村振兴战略的全面落实奠定了坚实基础，同时也为乡村治理活动的开展以及其现代化建设目标的实现提供了可靠的制度保障。

乡村振兴战略在我国各个乡村地区中的贯彻落实离不开切实可行的制度支持，同时对相关管理业态方面的供给有一定要求，可以为国家开展乡村治理活动提供必要的制度设计基础，保证乡村治理活动更加有序、高效地开展。比如，在开展乡村振兴战略活动过程中，会围绕现代化乡村治理活动在政策、制度等方面的需求，构建符合现代化建设进程的一系列具有稳定性和长效性等基本特征的治理制度，从而为乡村治理活动的开展乃至现代化建设目标的顺利实现提供可靠性、持续性的制度保障，避免因为乡村治理活动中缺乏明确的治理制度，影响最终的现代化乡村治理目标的顺利实现。

三、为乡村治理现代化指明实践方向

有效的乡村治理是确保乡村振兴战略目标顺利实现的重要基础。为顺利完成乡村治理现代化的目标，应确保乡村在治理体系与治理能力方面满足现代化建设的规定及要求。从这个角度来讲，为确保乡村治理现代化改革目标在工作实践中顺利落地，必须紧密结合乡村治理活动的部署及规划等方面的要求，在对乡村振兴战略可行性与有效性进行有效评估或评价的过程中，构建完善的乡村治理体系。而在对乡村振兴战略的实效性进行评估的过程中，除了需要将乡村文明、乡村产业与乡村生活作为重要的考量指标外，乡村治理也是评估乡村振兴战略目标的一个重要标准。从这个角度来讲，乡村振兴战略的贯彻落实可以为现代化的乡村治理体系构建及实施指明前进的方向。比如，乡村振兴战略强调构建多元主体的乡村治理体系，所以在开展现代化乡村治理活动过程中也要注意相应构建集多元主体于一体的乡村治理组织，确保乡村治理活动高效开展。

第三节　乡村振兴推动乡村治理现代化的路径

实施乡村振兴战略是一篇大文章，要统筹谋划，科学推进，推动乡村产业振兴、人才振兴、文化振兴、生态振兴、组织振兴。乡村基层应当借助乡村振兴战略的实施，积极借势、借机、借力推进乡村有效治理。

一、依托组织振兴，强化组织保障

乡村振兴，组织振兴是根本和保障。要强化乡村基层党组织的战斗堡垒作用，让乡村振兴与乡村基层党建实现深度融合。把实现乡村党组织的政治优势、组织优势、密切联系群众的作风优势转化为乡村振兴持续推进的发展优势，为实现乡村振兴提供坚强的组织保证。

第一，健全组织，发挥战斗堡垒作用。只要每个基层党组织都能发挥战斗堡垒作用、先锋模范作用，我们党的执政基础就能坚如磐石。要着眼党组织建设和发展需要，逐步优化党支部人员结构、年龄结构、学历结构，选贤任能、补齐队伍，建立制度、规范行为，为乡村治理培养"能手"。真正把乡村基层党组织建设成有干劲、善作为的战斗堡垒，为乡村治理赋能。

第二，加强干部培训，提高基层干部素质。作为乡村治理的主力军，党员干部工作能力和工作态度事关乡村社会治理的效果。要加强培训力度，教育引导基层乡村干部树立正确的权力观，增强政治观念、全局观念和责任观念。定期邀请相关职能部门对国家有关政策和规定进行详细解读，尤其重点培训乡村治理相关内容，真正提升党员干部现代化、科学化治理能力，让乡村干部更好、更充分地了解党和国家的政策和要求，推动乡村治理提质增效。

二、依托文化振兴，强化思想保障

乡村文化建设在整个乡村振兴战略中属于灵魂工程。乡村文化振兴能够提升乡村群众文化素质、文明素养及参与乡村治理的积极性，营造文明有序的精神环境，为乡村治理提供思想保障。

第一，发展优秀乡土文化。乡村不仅是中国人主要居住的形式之一，还是传统伦理的根基所在。我们要通过各种方式去挖掘、梳理、塑造这些优秀观念，推动基层群众文化素质的提高。

第二，大力开展乡村文化活动。通过"最美家庭""最美儿媳""好公婆""十大孝子"等评选活动，激发群众积极向上向善的道德情操；通过协商建立乡规民约，引导约束乡村群众，倡导文明新风；积极挖掘"乡村好家风""乡村好家训"的优良传统等。通过开展文化活动，丰富群众精神文化生活，增强群众之间的互动联系，真正实现把群众动员、组织起来。

第三，集中开展政策法规学习活动。现代乡村治理必须依法依规进行。要通过多频次的普法宣传、普法讲座，不断提升党员干部的法治思维和依法办事能力，引导其学会运用科学有效、合法合规的方式开展乡村治理活动，切实保障群众权益，提升乡村治理水平。

三、依托产业振兴，强化物质保障

乡村产业振兴能够持续带动发展壮大新型乡村集体经济，为乡村治理提供强大的物质保障。

第一，科学规划乡村产业。要明确乡村的功能定位，因地制宜发展新型乡村集体经济，做到村村有规划、镇镇有规划、全区有规划。通过科学规划，不浪费一寸土地、不闲置一处资源，让集体经济"遍地开花"，提升集体收入。

第二，积极推进乡村土地制度改革。能否激活乡村土地资源直接决定着乡村产业发展规模和速度。要积极引导农民进行土地流转，推进集约化发展。在此过程中，要明确集体所有权、承包权、经营权的关系，确保乡村集体对承包地发包、调整、监督、收回等各项权能和职责，提高集体在农户承包地流转上的话语权，实现村集体参与流转分红。要积极探索实施乡村集体经营性建设用地入市制度，加快乡村集体经济发展。

第三，积极推进乡村闲置房屋和宅基地改革工作。因地制宜探索完善乡村宅基地所有权、资格权、使用权"三权分置"的有效实现形式，根据国家有关政策要求，积极调整优化村庄的用地布局和规划，实现村庄零星分散存量建设用地的有效利用，采用合理方式把乡村闲置农房和宅基地盘活起来。

四、依托人才振兴，强化人才保障

乡村治理现代化需要人才支撑，人才资源是推进乡村振兴战略、实现乡村治理现代化的重要保障。

第一，要"内部挖潜"。充分挖掘好乡村现有人才资源，激发乡村本土人才活力。要充分激发本土人才的创造能力，发挥乡村本土人才的技能优势、资源优势、文化认同优势，激励各类本土人才积极投身乡村发展建设，不断为农业乡村发展注入新活力。通过改善乡村基础设施建设、教育投入、就业扶持、人居环境等，推动公共服务向乡村延伸，社会事业向乡村覆盖，营造良好的干事创业环境，为乡村治理留下本土人才。

第二，要"引进来"。要积极吸纳大中专毕业生、在外务工人才、退役军人、乡村创业能手、大学生村官等参与到乡村社会治理中来。通过引进的人才带动乡村基层社会结构的转变，改变乡村传统的血缘关系为依托的社会结构，为乡村带来充沛的活力、开阔的视野、开放的观念等，有效提升乡村治理效能。

第三，要积极探索形成高校毕业生到基层工作的长效机制。乡村的治理需要一支高素质、专业化的基层干部队伍，大学生村官、选调生等是向乡村提供人才支撑的重要途径。要积极完善各项配套政策，建立健全"下得去、留得住、干得好、流得动"的高校毕业生到基层工作长效机制，激发更多青年大学生选择扎根基层，为乡村治理贡献力量。

五、依托生态振兴，强化环境保障

乡村环境保护和治理是乡村治理的重要内容，也是基层民生重点事项。要以乡村生态振兴为抓手，积极改善乡村人居环境，建设美丽宜居乡村，提升乡村治理群众满意度。

第一，扎实推进乡村环境综合整治工作。开展乡村人居环境整治，是实施乡村振兴战略的重要内容，是做好"三农"工作的重点任务。要始终坚持规划先行，注重规划引领，根据当地实际分类施策，立足长远做到长短结合，尊重自然美、侧重现代美、塑造乡村美、构建整体美。要突出抓好乡村生活垃圾治理、厕所革命、生活污水治理和庭院环境改善等重点任务，全面改造村容村貌，促进乡村人居环境大改善、大提升。建立健全符合乡村特点的长效运行管护机制，积极引导社会广泛参与，建立"政府主导、农民主体、部门配合、社会资助、企业参与"的制度机制，形成乡村环境综合整治的良性互动。

第二，着力推进有特色、有优势的绿色产业发展。要通过增加生态产品和服务供给，满足人民日益增长的优美生态环境需要。要推进绿色乡村与旅游、文化、康养、体育等融合发展，让绿色资源成为乡村发展的"金元宝""摇钱树""聚宝盆"。要结合本地优势，在经济错位发展的地方竞争格局里，逐渐形成"一县一优势，一乡一品牌，一村一特色"的绿色发展模式。通过推进绿色产业发展，真正把乡村自然优势变为资源优势，实现生态环境治理的良性循环。

第四节　甘肃省永登县民乐乡的乡村治理现代化

下面以甘肃省永登县民乐乡为例，解读乡村治理现代化发展，并提出相应的参考建议。

一、甘肃省永登县民乐乡乡村治理现状

民乐乡位于永登县西北部，距县城 43 千米，面积 410 平方千米。该乡地处半干旱半湿山区，平均海拔 2699 米。民乐乡在发展中根据自身的优势，马铃薯作为当地的特色农产品，大力发展马铃薯产业，延长相关产业链，马铃薯种植面积不断扩大，建立产业化的基地并打造民乐乡特色土豆品牌，以此推动当地经济的发展。当地有多处古城遗迹以及亚洲第二大工程倒虹吸工程，文化氛围浓厚。但是发展的过程中仍存在问题，以种植业为主，其他产业的发展状况微妙，阻碍民乐乡发展经济。

第一，以传统行政管理体系为主的治理主体。在乡村治理过程中，传统的行政管理体系仍占主导地位，主要以乡党委和村委为主要的治理主体。在决策过程中，一般都是上传下达，以村干部及党组织的意见为主，村民没有参与，处于被动的执行地位。

第二，以村民自治为主的治理方式。村民自治是一把"双刃剑"，由村民自己管理能

够实现民主，提高决策的效率。但是乡村中有专业知识的领导人员较少，将会导致决策片面化、短期性。如果基层管理人员的素质和能力不高，会出现村民和官员谋私现象，使得资源浪费，影响治理效果。

第三，"自上而下"的治理路径。乡村治理过程中，自上而下的治理暴露出很多弊端。由于政策具有一定的局限性，上级干部不知道基层干部的困难，基层干部也不知道农民的需求，因此治理效率不高，效果不明显。对宏观政策的执行，没有做到因地制宜，从实地进行走访、了解农民生活的问题，影响治理效果。

二、甘肃省永登县乡村治理现代化的要求

第一，乡村治理的目标是乡村振兴。乡村治理并不是简单地进行治理，而是要通过"产业兴旺、生态宜居、乡风文明、治理有效、生活富裕"来实现乡村振兴。通过"自上而下与自下而上"相结合的方式制定策略，会使乡村治理水平提高，实现农业强、农民富、乡村美的局面。

第二，乡村治理能力提高是乡村振兴的基础保障。乡村振兴是一个全新的局面，需要较高的治理能力才能实现。调研过程中发现，当上级的管理体系发生改变时，才能够使乡村更好地发展。乡村治理能力的提高要求提高管理人员的素质和能力，吸纳专业的管理人才以及科学的管理手段。

第三，乡村治理体系的构建是长期乡村振兴的基石。乡村振兴战略是基于乡村发展的现状提出的，实现乡村振兴需要多方面、多层次的发展，因此构建合理的乡村治理体系是乡村振兴的关键。治理体系的构建需要从经济、生态、人才、基层等多方面着手，以实现治理体系的现代化。

三、甘肃省永登县的乡村治理体系完善对策

第一，治理主体由"一元"向"多元"的转变。村干部要积极进行宣传，让广大农民意识到自己在乡村治理中的主体作用和重要责任。民乐乡在治理过程中要激发农民的积极性，使他们自主地参与进来，承担起自己的重任。加强基层村委会的带领与监督，更好地为民服务。鼓励各种团体以及组织或企业的参加，制定相关的鼓励政策，让乡村治理主体富有活力，激发出更多的活力。

第二，治理手段趋向科学化。在治理过程中治理的手段和方式应当趋于合理性、科学性。对一些村干部进行筛选和裁员，从多方位对村干部进行严格的考察、筛选和选拔，以此来提高管理层的能力，根据民乐乡当地的实际情况制定科学的管理模式，同时也可以通过对其他乡村地区治理手段进行考察和学习，改良后运用到当地的治理中。

第三，完善基层监督机制。面对村委会定位不清及职能缺失的现象，民乐乡管理层应

该完善基层治理的协商监督机制，保护人民群众的切实利益。对于在乡村治理过程中存在的一些困难，村委会应召集民众协商，广泛调动群众积极性，发表自己的意见。村民要监督村党支部、村民委员会的政策执行状况。

第四，提高村"两委"及村民素质。对于村干部素质能力不高和人心不齐的现象，应加强高素质乡村干部队伍的建设。因此应该从以下几个方面做出建设：一是提高认识，加强教育培训；二是要立足于实际，开展多样化培训，提高村干部的灵活性与创新能力；三是提高思想道德认识、为民服务的意识，培养一支高素质且为民服务的干部队伍助力乡村地区的建设。

第五，激发村民积极性和提高村民参与度。健全相应的村制度，村干部积极宣传并鼓励村民积极参与。对村民进行教育和引导，提高村民的文化水平与思想觉悟，意识到他们参与的重要性。制定相应的奖惩制度调动农民的积极性，邀请专业人才对政策进行解读，让农民正确理解政策的作用，通过多种激励措施调动村民的积极性。

第七章

乡村振兴背景下的乡村治理实践与思考

第一节 乡村振兴背景下的甘肃农村环境治理

甘肃省地处西北部，生态资源比较多样，在乡村振兴战略指引下，想要保护生态就必须对现有乡村环境污染进行治理，结合甘肃乡村环境的现状、形成原因逐一分析，力争找到对策帮助治理甘肃乡村环境污染问题。

第一，在乡村环境治理中，地方政府、专业机构及群众组织作为治理主体，需要对现阶段乡村农业发展造成的环境污染有清晰的认识，从可持续发展的角度制定环境保护制度，通过环境治理措施，防止环境进一步恶化，在人为强制条件下，尽可能地恢复破坏的生活及生态环境，实现乡村和谐发展。

近年来，甘肃经济发展呈现较快速度增长，已经取得很好的成效。但乡村环境污染问题在甘肃比较普遍，想要发展绿色经济，就不能再走"先污染，再治理"的发展老路。从政府到群众都要加入环境治理的队伍，营造绿色发展氛围，坚持彻底治理乡村污染环境，建设美丽乡村。

第二，增加生态建设政府公共财政资金投入。甘肃省在生态保护方面资金支出在逐年增长，也取得了一些成效。在有限的资金支持中，甘肃应增加对乡村环保投资力度，缩小城乡差距，以"厕所革命"等专项资金保障支持乡村环境治理，重视城乡发展不平衡，多建乡村环境保护设施，让农民安居、乐居。

第三，加强环保法律法治建设。具体方法包括：①健全环境法律体系。完善环境保护法律法规，明确责任和追责机制，提高农民的环保和法律意识。②加强环境执法。打击违法行为，建立监督机制，并提高执法人员素质。③促进环境治理与乡村振兴融合。协调环境治理和农村产业发展，推动绿色生产和可持续发展。④强化环境权益保护。提供农民环境诉讼渠道，严厉打击环境犯罪行为。加强环保法治建设可提升乡村环境治理效能，促进乡村振兴和生态文明建设，实现经济发展、社会进步和环境保护的良性循环。

第四，培养学生兴趣，激发学生学习的主动性。支持学生学习的动力就是兴趣。为了保证学生成才，教师要积极培养学生的兴趣，真正做到以学生为本，激发学生的主观能动性，使学生能够积极、主动投身到学习之中。在学习中，学生要化被动为主动，而这就需要教师加以引导，使其能够成为学习的主人。当学生有主动学习的意识后，就能够配合教师完成各种教学任务，学会运用知识解决问题。教师需要采取有效的教学方法，以因材施教为原则，保证学生得到全方位培养。

第五，改进考核方式，优化学习模式。加强对考核方式的改进，保证考核的内容更加全面。除必要的书面考试之外，日常表现、作业、实践活动等情况均要纳入考核项目之中。适当增加案例分析和材料辨析题型，对学生的知识掌握程度进行进一步考核，便于学生及时发现薄弱环节，并加以改进。

第二节 天水市推进乡村振兴的问题及促进对策

"天水市位于甘肃省东南部，地处东经104°35'～106°44'、北纬34°05'～35°10'，横跨黄河与长江两大流域，属陇中黄土高原暖温带半湿润半干旱气候的过渡带，全市大部分地区年平均气温在7～11℃，年内降水量分布不均匀，降水主要分布在夏秋季，占全年降水量的70%～80%，春冬季降雨量较少。"①

一、天水市推进乡村振兴的问题

（一）位于相对落后地区，自然条件较差

天水现有的乡村人口大部分分布在自然条件比较差的地区，比如高寒山区、林缘区、干旱区等。在这些地区，面临着耕地面积少、干旱缺水、浇灌不足、自然灾害频发等不容忽视的问题，导致农民发展困难。

由于地理位置较为偏僻，使得社会运行成本和交易成本较高，一方面天水市本身经济距离经济发达的大城市较远，也无法接受到经济增长的大中城市的经济辐射，使得区域投资严重不足，经济发展缓慢；另一方面天水乡村地区山区多，农产品运输成本高，价格在市场上竞争力不大。

（二）发展资金不足，资本形成困难

发展资金不足、资本形成困难成为天水经济发展的主要制约因素之一。其原因有：一是国家投资有限。天水市乡村人口多，资金需求缺口大，虽然中央财政投资已经向西部地区倾斜，但与天水的实际需求还存在着很大的差距；二是农民取得银行贷款难度大。由于农民手中缺乏资金，个人信用等级低，农民很难从银行取得贷款，导致农民即使有项目也无法实施；三是外部资金注入少。由于地处落后偏僻地区，经济发展程度不高，引入外资

---

① 谢保鹏，屈雯，杨洁，等．基于SOM的乡村振兴基础条件分区研究——以甘肃省天水市为例［J］．中国农业资源与区划，2021，42（09）：187.

的机制不灵活，投资者一般都不愿到乡村进行投资，很难吸引到外部资金。

（三）经济文化发展水平低

虽然目前天水市发展已经有了质的突破，但是仍受制于过去社会经济文化发展水平低的背景。

第一，在传统的经济增长观下造成资源耗竭，生态环境退化，土壤肥力下降，农产品产出下降，形成恶性循环。

第二，农民长期居住乡村，无法接触更多新的观念和信息，思想保守，主动致富意识不强，国家向其输送的科技人才和资金、项目难以发挥应有的作用，给其社会经济发展造成了很大阻碍。

（四）产业结构不合理，没有形成完善的市场机制

产业结构不合理，部分农民最主要的收入来源于收益较低的农业生产收入，由于缺乏资金和技术，工业发展动力不足，农民收入低，消费市场需求小。市场机制不健全，通过产业发展促进乡村振兴的机制不健全，政策扶持力度小，没有形成一整套行之有效的机制，来推动产业化龙头企业和基地的发展，来增强对本地经济的拉动能力。市场体系仍不健全，辐射乡村地区的综合市场、集贸市场和乡村零售网不完善，对经济的发展造成很大的阻碍。

（五）制度没有得到及时调整

第一，农用土地产权制度已不能适应经济发展要求。随着经济环境的发展变化，原有的土地制度隐藏的问题也逐渐显现出来，农民个体拥有土地规模较小，无法使用现代规模化农业机械，仅依赖于落后的生产方式，致使生产效率低，投入产出比低。同时，土地产权不清，使得耕地流失严重，有限的土地资源得不到有效开发利用。

第二，户籍制度阻碍了乡村经济的发展。当前的户籍制度使得乡村和城市被割裂，乡村人口不能实现向城市的自由迁移，阻碍了地区产业结构的优化，影响了区域经济发展。

第三，基层行政管理制度僵化。基层行政管理部门管理水平低下，管理效率不高，缺乏有效的配合沟通，导致项目重复，影响"整体推进"效果。

（六）劳动力缺乏，人力资本水平低

天水乡村很多地区年轻人离开故土外出打工，乡村里大多是空巢老人和留守儿童，劳动力严重不足，导致耕地荒芜，因为缺乏有文化有技术的劳动力，也无法进行科技含量相对较高的现代农业生产。

人力资本水平偏低，总体教育水平不高，人才严重缺乏。由于给人才提供的发展机遇少，导致人才流失。人才的缺乏造成了天水同发达地区在人才、技术上差距进一步拉大，种种不利因素极大地阻碍着天水的发展。

二、天水市乡村振兴的改善对策

（一）着眼于长期性发展，制定长远发展战略

乡村振兴是一项长期性任务，天水市要着眼于长期性的战略部署，并在长期战略指导下分阶段制定天水乡村振兴长远发展目标，着眼于长期性制度安排。现阶段要巩固脱贫攻坚成果，继续完善基础设施，加强生态环境建设，促进交通通信和人力资源开发等，重点要通过优化产业结构促进县域经济的发展，缩小城乡经济发展的差距。

（二）提高乡村人口素质，提升乡村人口自主致富的能力

促进乡村人口素质的提高，增强乡村人口自身的发展能力：

第一，强化教育，重点扶持基础教育。促进基础教育是全面提高人口素质的核心，是实现乡村振兴的重点，要将更多的资源投入到乡村基础教育事业，提高乡村教育水平。

第二，发展农业科技教育，大力培养农业科技人才。人才是第一生产力，要实现乡村振兴应着重培养科技人才，要让农民拥有科学技术，适应现代化农业生产的需要，从事农业生产才能创造出更多的价值，取得更大的收益，农民才能真正富裕起来，才能实现乡村振兴。

第三，增强农民致富意识，摒弃等靠要思想，主动出击寻求好的技术和项目，从内涵上提升乡村人口自主致富的能力。

（三）加快调整地区经济结构，保证经济效益均衡分配

只有乡村地区整体经济发展了，乡村人口才能富起来。要调整地区经济结构，保证经济增长的效益均衡分配，缩小各区域间的差距。

要大力发展第三产业，服务业对社会就业率的贡献更大，提供的岗位更多，能容纳更多的乡村劳动力，从而提高乡村人口的收入。

要积极扶持区域内大型企业，支持中小型企业的发展壮大，要大力推动现有的工业企业的发展，增强工业发展后劲。

总体形成一整套行之有效的机制，来推动产业化龙头企业和基地的发展，来增强对本地经济的拉动能力。打造强有力的产业支撑，促进经济的快速增长，夯实经济基础，以此来推动乡村经济的进一步发展。

（四）多方促进产业发展，增加农民就业机会

第一，加强地方企业和农业的合作。天水发展落后地区长期以农业生产为主，要实现规模化农业产业化经营，要先培育地方扶贫龙头企业，通过这些龙头企业来带动地方产业的发展，从而带动区域经济的发展，促进乡村经济的振兴。结合天水农业发展特点，利用

"龙头企业＋农户（基地）"的方式，进行农产品的精深加工，延长农业生产产业链，促进与国内外大市场的连接，完善市场体系，建立辐射乡村地区的综合市场、集贸市场和乡村零售网，打造具有地方特色和区域优势的农产品支柱产业，打造农业产业化经营之路。

第二，要发挥工业产业的集聚效应。发展工业能够吸纳更多的剩余劳动力，解决农民就业问题。天水市是老工业基地，有着很好的工业发展潜力，要大力推动现有的工业企业的发展，增强工业发展后劲。

第三，要根据天水市资源优势和区域经济的特点，积极寻找新的经济增长点。以市场为导向，发掘天水市自然资源和人文资源，打造自然景观和人文景观，促进观光农业和生态旅游业的发展。

（五）加快制度改革，提供制度保证

第一，加快乡村土地制度的改革创新，着力解决土地闲置浪费、土地经营粗放、效率低下问题，建立有效利用土地的长远发展机制。要加快土地经营权的流转改革，建立土地有偿承包机制，成立农业土地流转中介机构，促进土地资源规模化、集约化经营管理，最大限度提高有限的土地资源的使用效率。

第二，加快户籍制度改革与创新，逐渐消除由于现行户籍制度造成的城乡差别，消除对乡村户口的各种歧视与限制，使农民在城市中生活能享受和城市人的同等待遇，降低农民进城的门槛，使农民能够在城市里安居乐业。完善农民的社会保障，提高农民收入，促进城乡一体化繁荣发展。

第三，打破基层行政管理制度僵化，着力解决基层行政管理部门管理水平低下，管理效率不高的问题，政府各部门要形成整体合力，相互协调配合，集中各级、各部门力量办大事，促进"整体推进"的扶贫效果的提升。

（六）进一步提高政府效率

在乡村振兴工作中政府效率高低有着至关重要的影响。要实现乡村振兴，必须调整转变政府职能和工作方式，提升政府工作效率。要解放思想，积极学习发达地区政府工作经验，探索适合天水市经济发展的工作模式，一方面要进一步致力于挖掘本地区经济发展的潜力；另一方面要和经济发达地区进行对接，引入先进的工作理念、工作方式，不断提高政府工作效率，将乡村振兴工作不断向前推进，最终实现既定的目标。

（七）创新和改革是天水市发展的动力

当前国际国内环境面临巨大变化，社会经济发展呈现新的特征，新形势下天水市的经济环境也会出现新的变化，乡村振兴工作也面临新的问题和要求。因此只有不断地创新和改革，才能解决新形势下出现的新问题，才能打破传统落后的局面，取得社会经济发展的

成果,逐步融入国家发展进步的先进行列,全面实现乡村振兴,建设富裕的社会主义新乡村。

第三节 定西市林川村"三治合一"乡村治理路径

治理有效是乡村振兴的基础。为了全面实施乡村振兴战略,结合甘肃省定西市安定区内官镇林川村乡村治理的实际情况,总结该村"三治合一"的乡村治理模式的具体实践,从自治、法治、德治三方面探析"三治合一"的乡村治理体系有效路径。治理有效的乡村社会可助力乡村振兴目标的实现,因此,在乡村治理过程中要深化村民自治实践、加强乡村法治建设、提升乡村德治水平,使"三治"相互衔接和补充,创新乡村治理体系,夯实乡村振兴基层基础。

一、林川村"三治合一"乡村治理模式的实践

作为省级"美丽乡村"示范村,甘肃省定西市安定区内官镇林川村坚持"自治优管理,法治强意识,德治提素质",持续推进美丽乡村建设,努力建设村容整洁优美、乡风文明和谐、百姓安居乐业的幸福美丽新乡村。

(一)抓好"三育"注重德治教化

第一,开展新公民教育。着眼于破解新村建设中"散居"变"聚居"、"农民"变"市民"后素质不高与美丽乡村发展的矛盾,林川村积极开设"新公民学校",实施新公民素质提升培训,通过法律法规、举止修养、就业创业、文明礼仪等专题培训,引导村民互谅互让、邻里相助、守法诚信、和睦共处。

第二,加强文明新风培育。林川村通过组建邻里乡亲互助会,动员村民扶贫献爱心,开展文明劝导、义务巡逻、"我为邻居做好事"等志愿服务,培育"邻里互助、文明和谐"的时代新风。

第三,推行模范典型选育。林川村扎实开展社会主义核心价值观宣传教育,积极开展美丽庭院、好儿媳、好公婆、孝心子女、诚信经营示范户、乐于助人道德典型评选活动,弘扬社会正能量,引导村民见贤思齐。

(二)保障"三权"深化村民自治

为保障村民的抉择权,林川村建立了党支部领导下的以"民主推选、定向参与、定向收集、定向反馈、定向化解"为主要内容的村民议事代表制度。该制度实施过程中,每10～15个家庭民主推选一名议事代表,议事代表针对与村民切身利益相关的事务,按照"意见事前收集、会上充分讨论、决策民主决定、会后定向沟通"的基本步骤,实现"议行合一"的高度融合。

为保障村民的知情权，林川村建立健全村组重大事务公开协商、定期公布、定向反馈制度，通过阳光晒台、三资查询平台、会议公布等途径，将惠民政策、工程项目、集体事项等主动公开，接受村民监督，确保村组重大事务的决策、执行、结果公开及时、真实、全面，激发村民关注、参与村级集体事务的热情。

为保障村民的参与权，林川村坚持"民建民享"，针对沟渠整修、组道建设、绿化带等与村民生产生活息息相关且专业性不强的基础设施工程，变招标承建为村民自建，激励村民主动参与，增加村民劳务收入，寓民主监督于深度参与之中，实现节约财政资金、保障工程质量、增加村民收入的"三赢"。

（三）开展"四进"建设法治乡村

林川村大力开展法治文化进院落、法治宣传进家庭、法治知识进头脑、法律知识进村组"四进"行动，引导村民知法用法、依法维权，用法治构筑和谐林川的安全网。

第一，建设法治文化长廊，举办法治讲座，通过法治漫画、法治石刻标语等醒目易见、浅显易懂的载体，营造浓厚的学法、尊法氛围。

第二，编发法治口袋读本、"明白纸"，开展入户宣传，推动法治进家庭。

第三，编排顺口溜，组织开展法治知识竞猜，编演法治小故事、组织法治案例讲座等，寓教于乐，强化村民法制观念。

第四，聘请法律顾问，开展法律服务，做到村组重大事项决策前主动征求法律顾问意见，重大矛盾纠纷、问题邀请法律专家介入调处，打造"无讼社区"。

二、林川村"三治合一"乡村治理的优化路径

（一）树立林川村的乡村治理新理念

自治是乡村振兴的基础理念，坚持村民自治能够充分调动村民的主观能动性，增强民主意识，坚定广大农民对共产党和特色社会主义制度的信心，为实施乡村振兴战略提供可靠的政治基础。

1. 创新村民自治机制

（1）完善村委会选举制度，通过"两推一选"（党员推荐、群众推荐、党内选举）增强村党支部的公信力。林山村通过党内、党外无记名投票，推出下一届村支部委员会委员初步候选人，然后召集本村所有符合要求的村民参与村民代表大会，由村民填写测评表对初步候选人称职程度进行评价，称职票数过半的初步候选人最终成为正式候选人。

（2）构建多层次协商格局。协商民主是基层党组织建设的重要举措，是对我国选举民主的重要补充，推进村民自治要求丰富村民议事协商形式和活动载体。

（3）建立村务监督委员会。村务监督委员会的职责是发挥监督机构的作用，加大监督力度，使各个组织机构能够更加有序运行，行事公开透明。

（4）开展自治试点工作。继续推进以村小组为基本单位的自治试点工作。由于各村的情况不同，在治理过程中要根据各村的具体情况提出相应的对策。以自然村或村民小组为基本单元进行自治，能够取得更高的效率，更好地保障村民的民主权利，取得更理想的效果。

2. 完善林川村的基层管理体制

一套有秩序、符合实际的管理体制是村民自治行之有效的前提。时代对我国乡村的基层管理体制提出了更高的要求。

（1）建立完善的便民服务体系，同时引入社工制度，在各社区设立社工工作站，每个工作站配备一名专职社工，组建适合乡村发展的社会工作者队伍。

（2）完善和利用乡村社会组织职能。一个有影响力的社会组织能够促进政府转变职能，使政府更好地配合市场发挥作用；提高村民的自治能力，充分发挥自治体系的优势；提高村民服务水平、加强村民对公共基础设施的保护意识等。因此，地方政府要注重乡村服务性、公益性、互助性社会组织的培育发展。

3. 发挥林川村的乡规民约作用

乡规民约能够引导村民自我约束、自我管理、相互监督、规范行为，有效推动乡村经济协调发展，在乡村振兴、实现乡村善治中发挥着重要的作用。

（1）规范乡规民约建设程序。以乡规民约助力乡村治理，首先应建设规范的乡规民约程序，这个程序应赋予农民一定权利，充分调动农民的积极性、主动性，让农民做乡规民约建设的主角，使得到村民认可的乡规民约具有信服力和执行力。

（2）对乡规民约具体内容的宣传教育要到位。很多情况下，村民并不是"知法犯法"，而是在"不知法"的情况下出现了错误的行为。因此，应以书面形式将乡规民约发放到各家各户，考虑到部分村民不识字的情况，还应以口头传授的形式向村民进一步讲解乡规民约的具体内容。

（3）健全乡规民约实施保障机制。建立适当的奖惩机制和监督机制，对勤劳本分、遵守乡规民约的民众，可以在物质和精神上给予一定的奖励；对轻微违反规约的民众，可以进行一定的警示教育；对严重违反规约且屡教不改的民众，可以诉诸法律施以更严厉的惩罚。

（二）培育乡村治理新思维

乡村善治，法治为本。在实施乡村振兴战略的过程中，要将涉及乡村治理的各项工作纳入法制化轨道，强化法律在乡村治理诸多方面的权威地位和根本作用，建设中国特色的法治乡村。

1. 夯实当地经济基础，优化法治环境

物质文明决定精神文明，只有人们的生活富裕了，荣辱观念才会逐渐深入人心。因此，为了搞好乡村法治体系建设，夯实经济基础必不可少，各级政府要做好以下工作。

（1）发挥好每个村落自身的特点，积极探索适合村落发展的优势产业，不断增强村落经济发展的竞争力。

（2）加大科技宣传力度，将高科技带进农田，积极开展农业技术培训，鼓励村民用科技绿色方式种田，促进农业增产增效，从而增强农产品的市场竞争力。

（3）推进乡村土地流转，积极培育发展农民专业合作社、种粮大户等新型农业经营主体，走农业现代化道路。

2. 加强普法力度，发挥乡规民约的优势

（1）进行法律宣传和教育。小到建设法治宣传长廊、制作法治宣传手册，大到创办法治宣传期刊、网站、电视栏目。要丰富法治宣传的形式，以案释法，运用民众喜闻乐见的方法增强普法的亲和力和感染力，使乡村基层干部和村民在休闲娱乐间真正领会法律的真谛。

（2）建立乡村法治工作机制。宣传和运用乡规民约可实现国家定制法和乡村习惯法之间的良性互动。在一些习惯法和国家定制法都可以调整的领域，应尽量发挥习惯法的作用，让国家定制法成为习惯法的有益补充。

（3）发挥国家定制法对乡村习惯法的引导作用，积极发扬同向的地方，并对相悖的地方进行修改，逐步增加村民对国家定制法的认同感。只有将普法工作落到实处，让乡规民约的优势积极发挥，乡村法治建设才能更加稳健地开展下去。

3. 完善司法体系，提供优质公共服务

乡村法治建设离不开乡村司法体系的建设。乡村司法体系是否完善关系到农民合法权益能否得到有效保护，关系到乡村纠纷处理机制能否有效运行，关系到农民法律援助和司法救助能否有效开展，关系到乡村行政执法水平能否得到有效提高。因此，完善乡村司法体系是乡村法治建设的关键所在。

（三）重塑乡村社会新礼俗

林川村要想充分发挥道德教化在乡村治理中的作用，必须深入挖掘乡村熟人社会蕴含的道德规范，结合时代进行创新，强调道德教化作用，引导村民向上向善、孝老爱亲、重义守信、勤俭持家。

1. 将传统美德和社会主义核心价值观具化为道德实践

（1）弘扬社会主义核心价值观。借助现代网络平台宣传社会主义核心价值观，将社会主义核心价值观内化于心，使其成为家喻户晓的理念；充分利用传统节日、重大纪念日宣传社会主义核心价值观，或者在村民的日常生活中定期举行与社会主义核心价值观相关的活动，丰富社会主义核心价值观在村民日常生活中的应用场景。

（2）将传统美德内化于心，外化于行。传统美德是日常生活中影响村民最深的文化，在继承传统文化时要取其精华去其糟粕。以传统道德指导村民的日常行为，要求村民"吾日三省吾身""见贤思齐焉，见不贤而内自省也"，强调传统道德的约束作用。

（3）以职业道德提升德治水平。农民职业道德的提升将会带动乡村整体道德水平的提升，职业道德不仅能够指导农民在进行农业生产时尽职尽责，还能够间接指导农民的处事方式，使其在工作岗位上能够始终坚守道德准则，在生活中也能以道德准则规范自己的行为，在参与公共事务时也会优先考虑集体利益，积极发表公正的看法，提出合理的意见。

2. 将德治贯穿于乡村治理的全过程、全领域

（1）提高干部"官德"，夯实德治领导基础。基层领导干部要从思想上重视中华民族传统美德的传承和社会主义核心价值观的建设，加强自己的责任担当，做好表率，为基层德治提供第一推动力。

（2）加强公德教育，夯实德治社会基础。基层社会德治的重点为社会公德教育，应将社会公德树立最普通、最简单、最基础的行为准则，全方位地加强社会治理的公德基础。

（3）发挥乡规民约作用，夯实德治文化基础。乡规民约是乡村几百年甚至上千年传承下来的礼仪规矩，是乡村文化的载体，是村民日常生活的准则，也是治理乡村的有效工具。在乡村治理过程中，要结合时代特点，对乡规民约进行现代化的升级与改造，保留传统中合理的部分，并不断新增制度化、法制化、组织化的内涵，以适应当代社会的发展，为基层社会治理提供除法律之外的特殊有效的治理机制。

（4）传承优良家风，夯实德治精神基础。家风是在日常生活中潜移默化传承下来或者在父母或祖辈提倡并平时言传身教中继承下来的优良风尚，良好的家风既有利于促进社会整体的公共秩序和优良风俗，又能帮助社会形成一种良好的风气。在社会德治实践中，可以设立尊老敬老奖、推广"家庭文明户"学习身边的"道德好人"等各种形式，进一步加强家风家训的道德教育功能，从小到大，从家庭到乡村，为基层德治提供坚强的精神支柱。

总之，中国特色社会主义乡村治理是一个系统的工程，需要全面推进、有所创新。要将自治作为法治和德治的基础，法治作为自治和德治的保障，德治作为自治和法治的补充，建成"三治合一"的乡村治理体系，全面推进乡村社会的发展和振兴。

第四节 甘肃省乡村治理标准化工作体系的构建

一、甘肃省乡村治理体系建设工作现状

近年来，甘肃省委、省政府发布了一系列文件，从加强乡村基层党组织建设、强化各类村级组织作用和服务功能、着力提升乡村治理能力、促进自治法治德治有机结合等方面提出了进一步加强乡村治理体系建设的目标和要求。

第一，全面推进乡村基层党组织标准化建设。甘肃省委组织部对中央和甘肃省委关于基层党建方面的党内法规进行了系统梳理，按照聚焦基层支部、聚焦基础工作、聚焦基本制度的思路，编制了《乡村党支部建设标准化手册》，从政治建设、组织建设、队伍建设、党内组织生活、党员队伍建设、基础保障建设、考核评价机制等各方面的多个标准，各地乡村基层党支部按照标准要求，查漏补缺、对标整改，党支部工作规范化程度明显提高。

第二，积极推进乡村基层服务规范化标准化，健全村民自治组织，推动乡村组织振兴。

第三，统筹推进乡风文明建设。近年来甘肃省着力开展社会主义核心价值观与文明乡风培育以及"道德银行""婆媳互夸""孝善基金"等文明活动品牌建设，整治大操大办、高价彩礼等陈规陋习，大力选树星级文明户等精神文明实践活动，各地在总结建设经验的基础上也形成了一系列可推广可复制的制度或管理办法。

与此同时，甘肃省在强化乡村治理中也面临新的挑战，尤其是在乡村公益性设施共管共享、平安乡村法治乡村建设、发展壮大村级集体经济、关心帮助特殊困难群体、选拔培养乡村"带头人"和制定完善村规民约等重点任务上，还须强化举措，不断推动乡村治理提质增效。

二、甘肃省乡村治理标准化工作现状分析

第一，标准化工作现状。近年来，甘肃省委、省人民政府发布实施一系列文件，对农业乡村标准化工作创新发展提供指导。结合乡村人居环境整治和美丽宜居乡村建设，科学总结"千村美丽"示范村建设经验，根据地方自然禀赋、生产生活风俗，推进乡村管理、乡村公共服务、公共设施建设等领域开展地方标准研究，不断完善美丽乡村标准体系。

第二，地方标准制定及实施情况。甘肃省在乡村治理标准化工作中重点推动了乡村党支部建设标准化体系建设和制定发布实施了村务公开规范地方标准，对于强化党的基层组织建设、不断深化村民自治实践、强化乡村监督机制等具有积极的引领和指导作用。

三、甘肃省乡村治理标准化体系构建

第一，体系定位。甘肃省乡村振兴战略标准体系是紧紧围绕现代农业三产融合、乡村人居环境改善、城乡公共服务均等化、乡村善治、乡风和谐、打赢脱贫攻坚战等各领域而构建的标准体系，为整体推进"农业强、乡村美、农民富"全面振兴提供全面标准化技术支撑和工作指南。甘肃省乡村治理标准化体系是甘肃省乡村振兴战略标准体系的子体系，按照自治为基、法治为本、德治为先的要求，聚焦乡村基层组织建设、法治建设、文明建设、平安建设等方面构建标准体系，通过标准体系的建立引领乡村治理体系的完善和治理能力的提升。

第二，构建依据。建立健全党委领导、政府负责、社会协同、公众参与、法治保障的现代乡村社会治理体制，营造和谐稳定的社会环境，对健全现代乡村治理体系作出系统安排，强调制定基层政府在村（乡村社区）治理方面的权责清单，推进乡村基层服务规范化、标准化等工作任务，对发挥标准化在乡村社会治理中的作用提出了具体要求。

第三，构建思路。结合甘肃省乡村治理工作现状与发展趋势，从治理主体、治理内容、标准层级三个维度，确定乡村治理标准体系构成因素，梳理乡村治理标准化体系构成因素。

第四，乡村治理标准体系结构。乡村治理标准体系结构是乡村治理标准运行方式的反映，结合乡村治理标准化体系构成因素，围绕基层治理实践活动中涉及的组织结构、运行机制、公共管理、民主参与、监督评价等相关标准，从通用基础标准、乡村治理标准、保障标准三个方面构建系统、配套的标准体系，为保障乡村治理有效运转提供重要抓手。

四、甘肃省乡村治理标准化体系的工作建议

第一，形成动态的标准体系完善机制。充分发挥标准化在乡村治理工作中科学、全面、系统的指导作用，引导村级组织建立和完善乡村治理标准体系，促进基层组织治理能力提升，完善三治融合治理模式。

第二，加快急需标准研制。围绕甘肃省乡村治理过程中存在的组织运行不顺畅、民主参与不充分和公共服务不匹配的现实需求，结合标准体系中规划的标准化要素，加强村民自治、平安建设、公益设施维护管理等配套相关地方标准的制定，将乡村治理的成功经验、有效模式用标准的形式加以固化并复制推广，并通过标准的实施，推进乡村治理水平、治理能力的持续改进与提高。

第三，加强乡村治理标准的宣贯与实施。发挥乡村治理多元主体的作用，推动治理主体各负其责，用标准为乡村基层组织、村民加强自我约束、自我管理、自我提升，更好地履行社会责任的结合提供全面的借鉴和指导。

第五节 欠发达地区乡村治理主体多元协同机制

近年来，政府向欠发达地区乡村投入大量公共财政，因此我们要关注新常态下欠发达地区乡村社会治理状况，积极探索乡村治理的"新常态"。

一、欠发达地区乡村治理的特性

欠发达地区即资源稀缺型地区，缺少经济发展所依赖的自然、物质及人力资源，既无优势自然条件，又无新的发展出路。欠发达地区土地上没有附着利益，村庄缺少基本的生活设施，本地富裕人群、村庄精英多半将生活重心转移到外地，年轻子女外出务工，年老父母留村务农。村庄中只有极少数人因为具有较丰富的政治资源，在村委会中谋取一官半职，生活较为富裕；其余的大多数人是靠土地和务工收入，即便有少数人从事一些农业以外的副业，总体来说村民之间经济差距不大，社会分层不明显。

整体来看，欠发达地区村庄中地缘和血缘关系依旧重要，但传统共同体的凝聚力及对资源的吸附力正在逐步地消解和解体。

二、欠发达地区乡村治理主体的作用

欠发达地区由于缺少经济发展所需的自然、物质及人力资源，又缺少自然优势，农民日日辛苦耕耘依旧换来的是贫穷的命运，且村民之间也没形成过大的贫富差距，处于普遍贫穷的状态。

在欠发达地区，由于经济发展无章可循，人们对村庄未来发展没有美好的预期，大多选择外出谋生。若村民个人力量弱小不足以对乡村发展产生影响，则村庄中的非体制性的社会组织作为村庄内生的力量理应力量更为强大，能够代表村民的心声，遗憾的是在欠发达地区社会组织发育也先天不足。受分散经营的影响，农民组织化程度并不高，经济类的合作组织类型繁多，但规模不大、力量弱小，发展后劲不足，治理能力有限；宗族类社会组织的作用也随着人口外出流动而被削弱。村庄治理的现实情况是本应代表民意的村委会沦为体制性治理主体，成为治理的重要力量，村庄内生的非体制性治理主体既无参与公共生活的动力，更没有参与力量。

三、欠发达地区乡村治理多元协同机制构建

（一）提升村民能力

村庄是村民生活的共同体，美丽村庄理应由村民共同建设，普通村民在政治上是村级权力的授予者和委托者，村委会是由全体村民通过会议民主选举出来的，村委会成员的权力来自村民授予，村委会组织法赋予了村民民主选举、民主决策、民主管理和民主监督的权力，然而现实中村民往往只知道在选举环节中自己的选票的作用，并不清楚其他环节怎样行使自己的权利。

实现善治，亟待提升村民个体参与乡村事务管理的热情和能力，发掘他们的主动性，激活村庄内部的力量。因此，当务之急就是要提升村民的治理能力，通过村民议事会或一事一议等形式，让村民在实际参与中提升参与能力，通过乡村精英的带动和引领去表达自己的心声，建设自己的美丽家园。

（二）培育恰当的社会组织

随着市场经济向乡村社会渗透，在货币压力的趋势下和市场逻辑的驱动下，原子化的小农逐渐有了合作组织的意愿，农民经济类合作组织的建立可以共享信息、降低生产成本、增强其抵御社会风险的能力。"推动欠发达地区乡村实现产业振兴，是衔接脱贫攻坚与乡村振兴的有效路径。"[①]通过不同类型的经济组织，如发达地区兴起的村办企业、村企合作、乡村农家乐以及 O2O、B2B 等乡村电子商务形式积累经济资源，既能为治理提供直接的物质支持，又能激活治理主体的活力。掌握社会资源和文化资源的宗族、宗教等社会组织在半熟人社会中仍然可以利用村庄内的道德权威、家族权威来约束和规范着村民的一言一行、化解日常生活矛盾，以减少村级治理过程中的管理成本，有效地弥补法律上的缺位，有助于形成文明礼貌的积极村风，成为柔性的治理资源。

（三）适当的政府政策支持

在欠发达乡村，政府首先更应该加大公共资源的投入力度，解决公共服务投入不足的问题。其次，政府还应着手制度的建设和运作机制的改革，还村委会的基层群众性自治的本性，将政府治理和村庄自治分开来，一些地方政府已经开始尝试制度的创新，如"议行分离""政社互动"，都是将政府和村委会视为平等的主体，意图将政府的行政事务从村委会中挪出，政府不能强制要求他们做这做那。政府在乡村要建构自己的治理机制以区别于村庄自治，设立政府自己的机构去完成各种行政任务和补贴，如征兵、义务教育、乡村低保和农业补贴等；其他村庄的公共事务交由村委会自己去协商。

---

① 李彦岩，林海英．资源治理：欠发达地区乡村产业振兴的"弯道超车"路径——以陕西袁家村为例［J］．新疆农垦经济，2022，（10）：1．

　　政府治理是乡村的外在力量，是资源的输入者和政策的输出者，仅依靠外部力量难免会出现"制度失灵"的现象，供给和需求之间对接不充分，因此必须依靠村庄内部的力量，提升村民参与公共事务的精神、培养村级社会组织，激发内部力量的参与和合作，村民、社会组织和国家三者在制度上厘清各自界限，构成合作互补的伙伴关系，方能解决当下乡村治理混乱的困境，实现乡村的繁荣和团结。

参考文献

[1] 安娜. 全面乡村振兴视域下推进乡村治理现代化的实践理论 [J]. 农家参谋, 2022（17）：7-9.

[2] 曹立, 石以涛. 乡村文化振兴内涵及其价值探析 [J]. 南京农业大学学报（社会科学版），2021，21（06）：111-118.

[3] 陈冀鲁. 河北省乡村治理人才队伍建设研究 [D]. 石家庄：河北师范大学，2022.

[4] 陈丽娟. 乡村振兴背景下多元主体协同治理推动乡村人才队伍建设研究 [J]. 农村实用技术，2022（09）：66-68.

[5] 丁和根, 陈袁博. 数字新媒介助推乡村文化振兴：传播渠道拓展与效能提升 [J]. 中国编辑，2021（11）：4.

[6] 顾保国, 崔友平, 郭元凯, 等. 组织振兴构建新时代乡村治理体系 [M]. 郑州：中原农民出版社，2019.

[7] 郭远智, 刘彦随. 中国乡村发展进程与乡村振兴路径 [J]. 地理学报，2021，76（06）：1408.

[8] 李博, 苏武峥. 欠发达地区巩固拓展脱贫攻坚成果同乡村振兴有效衔接的治理逻辑与政策优化 [J]. 南京农业大学学报（社会科学版），2021，21（06）：71-79.

[9] 何继新, 王笑语. 新时代乡村振兴战略背景下乡村治理内涵转换、维度指向与质量标准 [J]. 改革与战略，2020，36（09）：92.

[10] 何阳, 孙萍. "三治合一" 乡村治理体系建设的逻辑理路 [J]. 西南民族大学学报（人文社科版），2018，39（06）：205.

[11] 黄博. 数字赋能：大数据赋能乡村治理现代化的三维审视 [J]. 河海大学学报（哲学社会科学版），2021，23（06）：28-36+43+110.

[12] 黄承伟. 论乡村振兴与共同富裕的内在逻辑及理论议题 [J]. 南京农业大学学报（社会科学版），2021，21（06）：1-9.

[13] 黄倩倩, 蒋兴川. 以组织振兴引领乡村振兴 [J]. 中共四川省委党校学报，2021（04）：51-57.

[14] 姜晓萍 . 乡村振兴中组织振兴何以有效 [J]. 乡村振兴，2021（11）：42-44.

[15] 姜旭东 . 乡村振兴战略与乡村生态旅游互动融合发展对策分析 [J]. 农家参谋，2022（03）：4-6.

[16] 姜长云 . 新发展格局、共同富裕与乡村产业振兴 [J]. 南京农业大学学报（社会科学版），2022，22（01）：1-11+22.

[17] 金炜玲 . 理解生活富裕：农民的感知与需求 [J]. 中国农业大学学报（社会科学版），2022，39（04）：106.

[18] 匡文波，王天娇 . 乡村文化振兴下新媒体数字传播策略 [J]. 中国编辑，2021（12）：21-26.

[19] 李冠杰 . 乡村污水治理责任分担体系研究 [M]. 沈阳：辽宁大学出版社，2019.

[20] 李海金，焦方杨 . 乡村人才振兴：人力资本、城乡融合与农民主体性的三维分析 [J]. 南京农业大学学报（社会科学版），2021，21（06）：119-127.

[21] 李玲玲，李云滨 . 乡村振兴背景下加强乡村治理体系建设的路径——以哈尔滨市为例 [J]. 上海城市管理，2022，31（01）：61.

[22] 李三辉 . 乡村治理现代化：基本内涵、发展困境与推进路径 [J]. 中州学刊，2021（03）：75.

[23] 李彦岩，林海英 . 资源治理：欠发达地区乡村产业振兴的"弯道超车"路径——以陕西袁家村为例 [J]. 新疆农垦经济，2022（10）：1.

[24] 李永春，刘天子 . 人力资本理论的发展及其公共教育政策的呈现 [J]. 教育与经济，2022，38（03）：73.

[25] 廖嗨烽，王凤忠，高雷 . 中国乡村产业振兴实施路径的研究述评及展望 [J]. 技术经济与管理研究，2021（11）：112-115.

[26] 刘海军，丁茂战 . 乡村治理现代化的历程、经验与进路 [J]. 国家现代化建设研究，2022，1（03）：121.

[27] 刘玉侠，张剑宇 . 乡村人才振兴：内涵阐释、困境反思及实现路径 [J]. 重庆理工大学学报（社会科学），2021，35（11）：104-114.

[28] 刘志秀 . 乡村人才振兴：内生型与嵌入型主体的治理效能 [J]. 云南行政学院学报，2021，23（02）：68-76.

[29] 吕宾 . 文化自信视角下乡村文化振兴：实践困境与应对策略 [J]. 湖湘论坛，2021，34（04）：71-84.

[30] 吕洁琼，文军 . 从脱贫攻坚到乡村振兴：社区为本的情境实践及其反思——基于甘肃 K 县的考察 [J]. 西北民族研究，2021（03）：173-187.

[31] 欧阳静 . 简约治理：超越科层化的乡村治理现代化 [J]. 中国社会科学，2022，

（03）：145-163+207.

[32] 邱文娟. 乡村振兴战略下乡村治理体系建设路径 [J]. 农家参谋，2022（16）：1-3.

[33] 沈辉. 乡村生态振兴的现实难题与破解路径研究 [J]. 生态经济，2021，37（09）：196-200.

[34] 石森森，张迪迪，徐祖迎. 乡村振兴战略背景下创新乡村治理体系研究 [J]. 齐齐哈尔大学学报（哲学社会科学版），2022（07）：77-80.

[35] 孙刚，罗昊. 乡村振兴背景下文化治理现代化的价值意蕴与政策路径 [J]. 江汉论坛，2021（07）：85-90.

[36] 谭鑫. 乡村治理体系和治理能力现代化研究 [M]. 昆明：云南科技出版社，2021.

[37] 唐斌尧，谭志福，胡振光. 结构张力与权能重塑：乡村组织振兴的路径选择 [J]. 中国行政管理，2021（05）：73-78.

[38] 唐皇凤，汪燕. 新时代自治、法治、德治相结合的乡村治理模式：生成逻辑与优化路径 [J]. 河南社会科学，2020，28（06）：63.

[39] 王建连，魏胜文，张邦林，张东伟. 乡村振兴战略背景下甘肃农业绿色转型发展思路研究 [J]. 农业经济，2022（02）：19-21.

[40] 王美玲，李晓妍，刘丽楠. 乡村振兴探索与实践 [M]. 银川：宁夏人民出版社，2020.

[41] 王浦劬. 新时代乡村治理现代化的根本取向、核心议题和基本路径 [J]. 华中师范大学学报（人文社会科学版），2022，61（01）：18-24.

[42] 王遂敏. 新时期乡村振兴与乡村治理研究 [M]. 北京：中国书籍出版社，2019.

[43] 王晓毅. 乡村振兴与乡村治理现代化 [J]. 山西师大学报（社会科学版），2022，49（01）：53-60.

[44] 王滢涛. 中国特色乡村治理体系现代化研究 [M]. 上海：上海社会科学院出版社有限公司，2021.

[45] 王应宽，蒲应燕. 如何推进人才振兴为乡村振兴提供支撑 [J]. 科技导报，2021，39（23）：36-47.

[46] 温暖. 多元共治：乡村振兴背景下的农村生态环境治理 [J]. 云南民族大学学报（哲学社会科学版），2021，38（03）：115-120.

[47] 文丰安. 全面实施乡村振兴战略：重要性、动力及促进机制 [J]. 东岳论丛，2022，43（03）：5-15.

[48] 夏小华，雷志佳. 乡村文化振兴：现实困境与实践超越 [J]. 中州学刊，2021（02）：73-79.

[49] 谢保鹏，屈雯，杨洁，陈英．基于 SOM 的乡村振兴基础条件分区研究——以甘肃省天水市为例 [J]．中国农业资源与区划，2021，42（09）：187.

[50] 徐婧．"三治融合"乡村治理体系的"法治"进路 [J]．华中农业大学学报（社会科学版），2022（01）：53-63.

[51] 徐姗姗．乡村振兴战略视角下的乡村人才振兴研究 [J]．农业经济，2021（06）：109-110.

[52] 许维勤．乡村治理与乡村振兴 [M]．厦门：鹭江出版社，2020.

[53] 薛思阳，翟绪军．乡村振兴视角下东北地区乡村人才培养推进策略研究 [J]．黑龙江八一农垦大学学报，2022，34（03）：135-140.

[54] 杨华，范岳，杜天欣．乡村文化的优势内核、发展困境与振兴策略 [J]．西北农林科技大学学报（社会科学版），2022，22（03）：23-31.

[55] 杨志萍．数字赋能乡村产业振兴的内在逻辑与现实选择 [J]．湖北经济学院学报（人文社会科学版），2022，19（03）：32.

[56] 袁银传，康兰心．论新时代乡村振兴的产业发展及人才支撑 [J]．西安财经大学学报，2022，35（01）：98-107.

[57] 苑丰，金太军．行政、社区、市场：乡村组织振兴"三重赋权"的内在逻辑 [J]．理论与改革，2021（04）：102-115.

[58] 张建国．乡村振兴视阈下乡村治理体系优化路径研究 [J]．农业经济，2021（09）：31-33.

[59] 张平，王曦晨．习近平乡村生态振兴重要论述的三维解读——生成逻辑、理论内涵与实践面向 [J]．西北农林科技大学学报（社会科学版），2022，22（01）：1-7.

[60] 张薇．培养乡村法治人才助力乡村依法振兴 [J]．农村经济与科技，2022，33（17）：176-179.

[61] 张晓山．乡村振兴战略 [M]．广州：广东经济出版社，2020.

[62] 赵政．乡村振兴战略研究 [M]．西安：西北工业大学出版社有限公司，2021.

[63] 朱信凯．美丽乡村环境治理体系 [M]．北京：中国农业出版社，2018.

[64] 丛松刚．乡村治理模式初探 [D]．济南：山东大学，2013.